2024 年度浙江省哲学社会科学规划常规课题
“技能浙江”建设背景下高职院校社会服务能力评价研究（24NDJC268YBM）

高职院校社会服务评价研究

李翠凤◎著

九州出版社
JIUZHOUPRESS

图书在版编目（CIP）数据

高职院校社会服务评价研究/李翠凤著.-- 北京
九州出版社,2025.2.--ISBN 978-7-5225-3652-1

I.G718.5

中国国家版本馆CIP数据核字第2025ZY7147号

高职院校社会服务评价研究

作　　者	李翠凤　著
责任编辑	云岩涛
出版发行	九州出版社
地　　址	北京市西城区阜外大街甲35号(100037)
发行电话	(010)68992190/3/5/6
网　　址	www.jiuzhoupress.com
印　　刷	定州启航印刷有限公司
开　　本	710毫米×1000毫米　　16开
印　　张	13.25
字　　数	220千字
版　　次	2025年2月第1版
印　　次	2025年6月第1次印刷
书　　号	ISBN 978-7-5225-3652-1
定　　价	88.00元

前　言

在技术迭代加速、产业转型升级的时代背景下，高等职业教育作为与经济社会发展联系最紧密的教育类型，其社会服务职能的重要性凸显。高职院校以培养技术技能人才为己任，更需通过精准对接产业需求、深化产教融合，在服务社会中实现教育价值的外显与升华。然而，当前针对高职院校社会服务的系统性研究仍存在实践样本不足、理论框架薄弱等问题，亟须从更广阔的高等教育视野中汲取养分。

本书正是基于对高校社会服务评价理论的深度梳理与实践经验的跨界转化，尝试构建适用于高职院校的社会服务评价体系。之所以选择以高校社会服务研究为基础，源于二者在“服务社会”这一核心职能上的本质共通性——无论是研究型大学的知识创新，还是高职院校的技术服务，均以推动社会进步为终极目标。但与此同时，高职院校的类型特征决定了其社会服务具有鲜明的应用导向性、产教融合性与区域适配性，需要在高校理论框架基础上进行针对性转化。本书的研究逻辑正是沿着“理论溯源—经验借鉴—类型适配—创新构建”的路径展开，力求在高校研究的成熟体系与高职院校的独特需求之间架设桥梁。

本书主要分为六章，力图系统构建高职院校社会服务评价的理论与实践框架。第一章对社会服务的基本概念与发展脉络进行综述，结合高校（尤其是研究型与教学型高校）在社会服务中的实践，为高职院校构建社会服务评价体系奠定理论基础。第二章从职能角度出发，探讨了高校社会服务的必要性、内容与形式，及其独特的服务特点。第三章通过对比国内外的研究现状，揭示了国际视野下高校社会服务的动态及其对我国高职院校社会服务的启示。第四章深入分析了我国高职院校在人才服务、科研服务等方面的理性思考，提出了相应的对策与建议。第五章重点介绍如何构建高职院校社会服务能力评价体系，详细探讨了评价体系的意义、构成要素及构建方法。第六章提出了一系列针对高职院校社会服务能力提升的策略和建议。这些建议基于实际案例，旨在帮助高职院校构建更有效的社会服务体系，最终实现与社会的共赢。实施这些策略，高职院校不仅能够增强自身的教育和研究能力，还有助于推动社会的进步与和谐。

本书紧跟时代发展的步伐，融合了最新的理论研究和丰富的案例，为学术界和教育实践者提供了一个深入探讨高职院校社会服务当前状况及其面临问题的平台。这不仅增强了学者和教育工作者对于高职院校社会服务角色和效果的理解，还揭示了服务过程中遇到的复杂问题和挑战，为进一步的研究和讨论奠定了基础。书中不仅系统地展开了理论框架，还通过具体案例将理论与实践紧密结合，使得抽象的理论得到具体实践的验证，增强了论述的逻辑性和说服力。这种结合实际的分析方法不仅能帮助教育工作者和学者全面理解高职院校在社会服务方面的多维作用，也能为政策制定者和院校管理者提供实证基础，使他们在制定相关政策和管理策略时，能够更加科学和精准地考虑教育实践的具体需求和可能的改进方向。

目　录

第一章　概　述

第一节　社会服务的基本定义

一、社会服务的基本定义

“社会服务”一词，在社会保障和社会福利领域中具有明确的含义，并非一个模糊或宽泛的术语。它由“社会”和“服务”两个词汇组成，揭示了社会服务的基本特征。首先，社会服务指的是一种活动或服务方式，由特定的实体进行，主要以劳动而非物质产品的形式来满足他人的需要。这一定义与《辞海》中“服务即劳务”的解释相符。其次，现代社会服务是一种制度化的活动，通常由国家或社会机构有组织地提供、采购、监督及评估，因此，它与个人随意提供的服务或市场上的商业服务不同，属于社会保障与福利的范畴。

但不可否认的是，学术界对于社会服务的理解存在差异，不同的学者往往根据自己的研究视角和方法来诠释这一概念。一般来说，学者认为社会服务分为广义和狭义两种，不过对于这两者的具体区分标准意见不一。

（一）生产性、生活福利性、社会性社会服务

从学术研究的角度来看，社会服务可以被定义为一种通过提供劳务来

满足个人或社会需求的行为或活动。[①]社会服务在学术讨论中通常有广义和狭义两种解释。在广义上，社会服务的范畴非常广泛，涵盖了生活福利性服务、生产性服务以及社会性服务三大类。生活福利性服务主要关注直接提升社会成员的生活质量，包括衣食住行等基本生活需求的相关服务。生产性服务则是支持物质生产的服务，如原材料的运输、能源供应、信息传递、科技咨询和劳动力培训等。社会性服务则指的是支持社会正常运行和协调发展的服务，如公共设施、教育、文化、卫生以及社会管理等领域的服务。在狭义上，社会服务主要指的是针对提高社会成员生活福利的服务，这通常包括对个体基本生活需求的直接支持和改善。[②]这种定义更侧重于直接影响个人日常生活质量的服务类型。这种分类方式有助于更清晰地理解社会服务的多层次和多功能性质，同时也凸显了社会服务在现代社会中的关键作用，即不仅支持生产活动和生活质量的提升，还促进了整个社会的和谐与发展。通过这种广泛的服务体系可以看出社会服务在满足基本需求、支持社会功能和增强公共福利方面的综合作用。因此，高校和相关教育机构在培养社会服务领域的人才时，需要对这些服务的广泛性和深远影响有充分的认识和理解。

（二）普惠性、个体性社会服务

有学者从实践的视角看待社会服务的广义和狭义之分。在广义上，社会服务涵盖了卫生、教育、福利、住房、就业和个人社会服务等多个方面。英国社会科学家蒂特马斯将社会服务描述为一系列集体干预措施，旨在通过重新分配一部分国民收入给那些需要救济和支持的群体，从而促进普遍福利。例如，美国的社会服务包括国民保险、补助金、儿童救济金、家庭收入补助、裁员费支付、地方福利服务、国民健康服务、教育服务、就业服务、住房服务、缓刑期服务及病后护理服务等。在狭义上，社会服务主要指的是个人社会服务，有时也称为社会福利服务或社会照料服务。国际

① 李迎生 . 社会工作概论 [M].3 版 . 北京：中国人民大学出版社，2018：19.

② 李迎生 . 社会工作概论 [M].3 版 . 北京：中国人民大学出版社，2018：19.

劳工组织定义这类服务为针对脆弱群体的需求和问题的干预。这些脆弱群体包括遭受暴力、贫困、家庭瓦解、身体和精神残疾以及老龄化的人群。相对于更广泛的服务，个人社会服务通常针对那些处于特定困境且有具体需求的个人提供，常见的服务对象包括老年人、儿童、残疾人和照护者，以及其他有特殊需求的个人。这种区分帮助我们理解社会服务不仅是社会基础设施的一部分，也是一个关键的社会干预工具，通过提供必要的支持和服务，改善脆弱群体的生活质量。广义的社会服务构成了一个全面的支持系统，涉及从教育到健康、从就业到住房的各个方面，而狭义的社会服务则专注于为个别个体提供更为具体和专门的援助和照料。

（三）基本性、发展性社会服务

根据社会服务的范畴和功能，社会服务可以被划分为基本性社会服务和发展性社会服务两大类。基本性社会服务主要关注于满足社会成员的基本生活需求，是狭义社会服务的核心，属于民政部门的主要职责。例如，根据国务院 2012 年发布的《国家基本公共服务体系“十二五”规划》，基本社会服务制度的建立旨在为城乡居民特别是困难群体提供必要的物质支持，确保老年人、残疾人、孤儿等特殊群体能有尊严地生活并平等地参与社会活动。这些基本服务包括为困难群体提供最低生活保障、专项救助，为五保户提供基本生活需要，为受自然灾害影响的人员提供救助，为无家可归者提供救济，为残疾人、孤儿和精神病患者提供福利服务，为老年人提供基本养老服务，为优抚对象提供优待和安置服务，提供免费婚姻登记以及基本殡葬服务等。沿着这一方向，国务院在 2017 年发布的《“十三五”推进基本公共服务均等化规划》中进一步强调了完善基本社会服务制度的重要性，承诺为所有城乡居民提供必要的物质和服务保障，以支持他们的基本生存权和平等参与社会活动的权利。具体措施包括提供最低生活保障、对特困人员的救助和供养、医疗救助、临时救助、灾难救助、法律援助、老年人福利补贴、困境儿童保障、农村留守儿童的关爱保护、基本殡葬服务、退役军人的安置及优待抚恤、集中供养等。在广义的社会服务领域，除了上述基本性服务外，还涵盖了更为广泛的服务，旨在随着经济的增长和社会的发展，提高社会成员的生活质量，满足人们对更美好生活的期盼。这些服务一般通过增加投资、提高服务质量、拓展服务内容及扩大受益群体的范围来实现，从而使社会服务成为提升社会成员幸福感和获得感的关键途径。

总之，关于社会服务的定义，存在着来自政策执行和学术研究的多样解读。虽然各部门和学者对于社会服务的理解各不相同，但在其基本特征和范围上，实务和学术领域通常能够找到一些共识。总的来说，社会服务分为广义和狭义两个层面。广义上的社会服务指的是一系列旨在满足社会所有成员在生存、生活和发展上的基本和普遍需求的活动。这包括在教育、医疗、健康、住房、就业、养老、儿童抚育和文化等多个社会事业领域中提供的服务和措施，以提高人们的生活质量和社会福祉。狭义上的社会服务则更专注于促进社会的公平与正义。这类服务通常在国家和社会的协调指导下进行，由政府机构、专业社会组织、企业、公民和志愿者等多元化主体共同提供，主要是为帮助特殊群体或处于困境中的人群改善生存和生活状况而提供的社会化服务和支持。通过这种划分，我们可以更好地理解社会服务的多维度功能及其关键作用。

二、社会服务的主要内涵

（一）社会服务的基本目标

社会服务的基本目标是通过国家和社会的协调努力来建立和发展全面的社会服务体系，主要包括以下几点（如图 1-1 所示）。

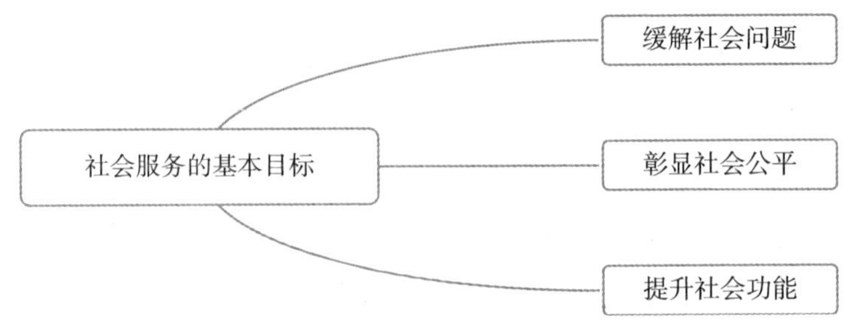

图 1-1　社会服务的基本目标

1. 缓解社会问题

自工业革命以来，全球社会从前工业阶段迅速过渡到工业化社会，经济和社会发生了快速变革。这一转变虽然在科技和经济上取得了巨大进步，人们的生活水平也显著提高，但同时也带来了新的社会问题和挑战。正如O. 威廉·法利、拉里·L. 史密斯和斯科特·W. 博伊尔在《社会工作概论》中所指出的，尽管人类社会取得了许多鼓舞人心的成就，但人们仍未能完全摆脱各种社会困境。在人们的相互关系和社会互动中不可避免会出现个人、家庭及社区层面的问题。日常生活中，诸如犯罪、精神疾病等社会问题层出不穷。① 这些问题的存在说明，仅仅依靠物质和经济支持是不足以解决所有社会问题的。因此，社会服务的作用变得尤为重要，专门的社会干预和服务活动有助于调整和解决这些问题。社会服务通过提供必要的支持和资源，不仅能帮助个体和家庭应对生活中的困难，还能促进社区的整体福祉和社会的和谐发展。社会服务在现代社会中扮演着重要的角色，即通过综合社会支持和专业干预，为解决深层次的社会问题提供可行的解决方案。

2. 彰显社会公平

工业革命以来科学技术取得了巨大进步，极大地提升了生产效率，世界也因此变得更为富裕。正如阿马蒂亚·森在《以自由看待发展》一书中所描述的，今天世界的富足程度是过去一两百年难以想象的。然而，尽管物质上的丰裕达到了前所未有的水平，社会的剥削、贫困和压迫现象依然普遍存在。这不仅包括历史上长期存在的问题，还有许多新问题，如持续的贫困、基本需求的满足不足、频发的饥荒和大规模饥饿、基本政治自由和基本人权的侵犯、对妇女权益的忽视，以及对我们环境和社会生活持续性的威胁。② 在这样的背景下，社会服务显得尤为重要，它通过向弱势群体

① 法利，史密斯，博伊尔．社会工作概论[M].11 版．隋玉杰，等译．北京：中国人民大学出版社，2010：4.

② 阿马蒂亚·森．以自由看待发展[M].任赜，于真，译．北京：中国人民大学出版社，2013：23.

和需要帮助的人们提供支持，成为维护和促进社会公平与正义的关键工具。现代社会的不平等问题通常由个人因素、结构性和制度性原因造成，而通过社会服务提供必要的资源和帮助，不仅可以帮助解决这些不平等问题，还能增强社会的整体和谐与稳定。因此，社会服务在推动社会公平中起着至关重要的作用。它们通过援助贫困和边缘群体，提供教育机会、医疗服务、法律援助和基本人文关怀，帮助缩小社会不平等，确保每个人都能有尊严地生活。这不仅是对个体的支持，更是对社会整体公平和正义的维护，使所有人都能平等地享受社会进步的成果。

3. 提升社会功能

在现代社会中，经济和社会发展的不平衡往往导致结构性问题，进而给人们的生活带来诸多挑战。当社会结构出现问题时，个人可能会觉得自己仿佛陷入了无法逃脱的困境。这种感觉往往有其真实性，因为这些问题并非仅仅局限于个人层面，而是由社会的宏观结构变化引起的。在某些情况下，这种感觉可能仅被视为个人的困扰，可能缘于个体性格或其直接社交关系中的问题，这些困扰与他们的个人生活直接相关。然而，当这些问题超越了个人的直接社会环境和内心世界，影响到许多处于类似情况的组织，并与这些组织所参与的历史社会的广泛制度相交织时，它们就转变成了广泛的社会性问题。这些问题不仅仅是个人或小范围内的困境，而是存在于多个社会组织和制度之间，它们的交互作用和相互影响可能导致更大范围的社会功能障碍。社会服务在这种情况下扮演着至关重要的角色。通过预防措施和对社会结构潜在问题的早期识别与干预，社会服务能够缓解这些问题，从而维护和提升社会的整体功能。有效的社会服务不仅可以解决即时的社会问题，还能通过持续的支持和结构性改革，预防问题的再次发生。这包括对特定困难群体提供持续的支援，改善公共政策，增强社会稳定性，以及促进社会公平与正义。通过这些努力，社会服务增强了社会的自我修复能力，提高了对挑战的适应性，使得社会不仅能够应对当前的困难，还能预防未来潜在的不稳定因素，从而促进社会的长期健康和持续发展。

（二）社会服务的供给主体

现代社会服务体系是由国家和社会共同策划并执行的制度化布局，在其发展历程中逐渐形成了多样化的供给主体。这种服务旨在满足公众的多层次和多样化需求，涉及人民群众最为关心的直接和实际利益问题，由各种不同的组织和个体共同提供。

1.慈善服务团体和组织

慈善服务组织的历史可以追溯到 19 世纪后期，特别是 1884 年在英国伦敦东区成立的汤因比馆。该时期的伦敦东区是英格兰最贫困的区域之一，面临着严重的贫困问题，可能是当时英格兰社会问题最为严重的区域。随着贫困、失业、犯罪、健康和居住问题日益加剧，一些具有慈善思想和社会责任感的人士启动了社区友好运动。他们鼓励大学生深入这些贫困社区，与居民建立邻里关系，并提供教育、文化和社区服务，以改善当地居民的生活条件。与此同时，美国也有类似的社会服务组织兴起。1886 年，美国纽约建立了第一个社区服务中心，随后在 1889 年，芝加哥的赫尔大厦也成立了一个著名的社区服务中心。这些中心主要满足社区居民对社交和社会服务的需求。自那以后，具有社会责任感的慈善团体、组织和群体一直是社会服务的核心力量。他们在社区中扮演着至关重要的角色，不仅提供必要的服务以解决具体问题，还通过教育和社区活动促进了社区的整体福祉。这种慈善与社会关怀的精神推动了众多社会服务项目的发展和完善，持续影响着今天的社会服务实践。

2.政府的公共服务部门

最初的社会服务活动主要由私人慈善团体和组织发起，但随着时间的推移，社会服务的体系化逐渐与国家的福利政策发展紧密相连。20 世纪由于经济大萧条和两次世界大战对社会的深重影响，西方国家的政府逐渐意识到，仅依靠经济增长是不足以应对社会问题的。因此，这些国家开始构建一套完善的社会安全网和福利体系，以保障公民的基本生活权利和促进经济与社会的协调发展。为了实现这一目标，各国政府成立了专门的社会保障和福利部门，培养了一批专业的社会服务管理人员。在第二次世界大战前，社会福利措施通常侧重于提供经济和物质支持。然而，随着社会的发展和问题的变化，尤其是20世纪60年代以后，原有措施已无法完全满足新的社会需求。社会服务的内容和目标迫切需要进行相应调整和更新。政府的社会服务部门因此开始重视并整合更多形式的社会支持，使社会服务成为保障和福利体系的核心部分。这些服务不仅关注传统的经济援助，更拓展到了教育、健康保护、儿童福利和社区支持等领域，以更全面地应对社会成员的需求。这种转变标志着政府在社会福利政策中的角色从单一的经济支持者转变为多元服务的提供者，以此来促进社会的整体福祉和平衡发展。

3. 专业的社会服务组织

在早期阶段，慈善服务多基于个人的善意，缺乏专业化的服务理念，仅仅依靠个人的爱心进行社会帮助。随着对社会服务需求的不断增长，20世纪初期开始出现了以社会工作知识和实务技能为核心的专业社会工作教育。这一变化标志着社会服务领域从自发性的慈善行为转变为专业化的服务提供。社会工作专业的建立和发展不仅引入了系统的知识体系和技能训练，而且培养了大量的专业社会服务人才。这些专业人才的加入极大地推动了社会服务组织的专业化和系统化发展。从20世纪60年代开始，政府对社会服务的公共投资显著增加，这进一步促进了专业社会服务组织的成长和扩展。尽管一部分社会服务项目由政府的福利部门直接管理和执行，但大多数服务项目开始以社会项目的形式委托给专业社会服务组织来负责实施。这些组织凭借其专业能力和服务效率，成为社会服务供应中的核心力量，承担了包括但不限于教育、健康、就业支持和社区发展等广泛的社会服务任务，有效地满足了公众的多元化和层次化需求。这一发展过程不仅显示了社会服务从基础慈善活动向专业化服务的演变，也强调了在现代社会中，专业社会服务组织在促进社会福利和提升公共服务质量方面的重要作用。通过专业化的社会服务组织，社会服务的质量和效率得到了显著提升，更好地回应了社会和个人层面的需求。

4. 相关服务的企业组织

自 20 世纪 80 年代以来，西方国家在经历了第二次世界大战的重建和第二次工业革命的推动后，面临经济增长放缓的现实挑战。这一时期，国家高福利模式受到了前所未有的压力。在此背景下，各国政府被迫寻找新的方法来改革社会服务供应机制。为应对财政压力和提升服务效率，政府开始进行内部改革，积极借鉴市场和企业的运作模式。这包括减少政府直接提供的社会服务，而是转向与专业社会服务组织及企业的合作。这种合作模式引入了市场竞争机制，政府通过购买这些组织和企业提供的服务来实现社会服务的供应，目的是降低成本和减少财政支出。在这种新的供给模式下，各类企业、组织转变为社会服务的主要生产者和提供者。这些企业和组织不仅参与到服务的直接提供中，而且通过与政府的合同关系，承担起了社会服务项目的责任。这一转变不仅提升了服务供给的效率，也推动了社会服务领域的创新和多样化发展。这种由政府向市场导向转变的社会服务模式，标志着对社会福利和服务供给方式的重大调整。企业和组织的参与带来了新的活力和竞争，在提高服务质量的同时也带来了监管和质量控制的新挑战。政府和企业及组织之间的这种合作关系，成为现代社会服务体系中的一个重要特征，极大地影响了社会服务的结构和功能。

5. 社会公众和志愿团体

在现代社会中，社会公众不仅是社会服务的接受者，还能成为社会服务的提供者。社会服务的范围广泛，涵盖了社会成员在各个生活领域的需求。如果所有这些需求都仅依赖政府、专业机构、企业及慈善组织来满足，那么这些组织将面临巨大的压力，且很难全面覆盖每一个需求。因此，公众参与和志愿服务在现代社会服务体系中占据了极其重要的位置。公众的参与和自发的志愿活动是对社会服务领域的补充和强化。事实证明，追求个人利益并非现代生活的唯一动力。相反，在社会各阶层中，广泛的互助运动正在蓬勃发展，旨在建立各种持久的互助组织。这些组织和活动展示了一个由个人自发组成的互助网络，其在社会服务领域起到了补充和扩展的作用。通过这些自发的互助和志愿活动，社会公众能够在不依赖主要社会机构的情况下，相互提供支持和服务。这种从基层社会出发的服务动力，不仅减轻了传统社会服务机构的负担，还丰富了社会服务的形式和内容，增强了社会的凝聚力和响应能力。此外，这种广泛的公众参与也体现了现代社会对于社会正义和互助的价值取向，强调了在全社会范围内建立支持和帮助系统的重要性。

（三）社会服务的主要内容

社会服务的主要内容包括以下三点（如图 1–2 所示）。

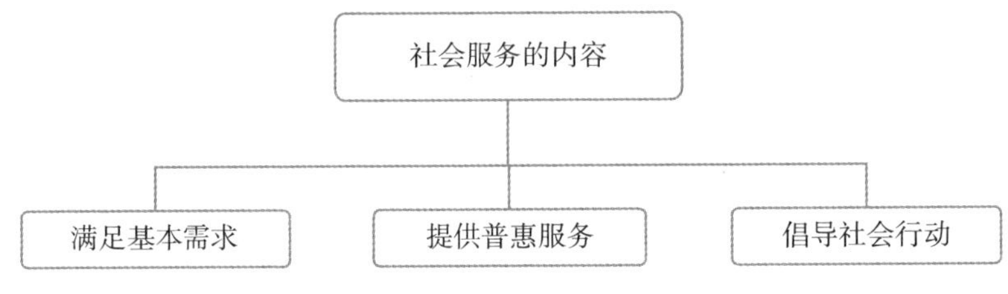

图 1–2　社会服务的主要内容

1. 满足基本需求

社会服务的核心目标之一是确保和满足社会成员，特别是处于不利地位群体的基本需求。美国心理学家亚伯拉罕·马斯洛 1943 年在《人类激励理论》中提出了需求层次理论，他认为，人类需求像阶梯，按层级排列，最基本的需求包括生存和安全的需求。社会服务的首要职责就是确保这些基本需求得到满足，尤其是对那些困难群体而言，困难群体的形成受多种因素影响，一些人可能因为先天的身体或智力障碍而处于不利位置。此外，年龄增长、社会结构变化、政策制度的漏洞或疾病和灾害等重大事件，也可能导致某些人在生活的某个阶段变成困难群体。这些群体的生存和基本生活需求成为社会服务需要优先考虑和应对的问题。社会服务的基本职责是提供必要的支持，确保这些群体不仅能够生存，而且能够在社会中有尊严地生活，包括但不限于提供食物、住所、医疗服务及教育等基础支持。通过提供这些基础服务，社会服务助力困难群体改善生活条件，提升生活质量，从而实现其基本的人权和社会正义。

2. 提供普惠服务

虽然许多社会成员并未处于生存的极端困境中，但根据人类生命发展的自然规律，他们在不同生命阶段仍然会遇到各种困难和挑战，这就需要社会服务的介入和支持。例如，不同阶段的需求包括婴幼儿的养育和保护、青少年行为偏差的干预、婚姻与家庭的咨询服务、健康与医疗服务、职业指导与就业辅导、家庭关系的治疗和促进家庭健康以及教育和文化服务等。普惠服务的核心在于它的广泛性和多样性，旨在覆盖尽可能多的人群，并平衡发展以满足广泛的社会需求。这种多样化的服务确保了各个社会成员在面对人生各阶段的特定需求时能获得必要的支持，从而显著提高他们的生活质量。普惠服务的有效提供，不仅有助于缓解个人和家庭的即时困难，也有助于建立更为健康和谐的社会环境。因此，社会服务的目标是提供全面而均衡的支持，确保从儿童到老人，每一个社会成员都能在需要时获得适当的帮助和介入。通过这样的服务体系，社会服务不仅回应了个体的需求，也促进了整个社会的和谐与进步。这种全方位的服务覆盖确保了社会每个成员的基本需求和生活质量的持续提升，为实现社会的长期福祉奠定了坚实的基础。

3. 倡导社会行动

现代社会服务体系不仅关注保障弱势群体的基本生存和生活需求，以及为广大社会成员提供多样化的普惠服务，还承担着推动社会结构和环境改善的重要责任。虽然许多服务旨在帮助个人和群体适应现有的社会环境和结构，但很多社会问题本质上源于现行的社会结构和政策的不足。因此，社会服务的一个关键方面是倡导和推动社会政策及环境的改革。例如，仅提供帮助女性就业的服务或支持她们应对职场中的排斥和歧视，并不能从根本上解决性别不平等的问题。尽管这些服务对于女性在职场中的立足至关重要，但要实现更深远的变革，还必须通过社会行动来倡导创造一个支持女性职业发展的更加公平的社会环境。这种社会服务不仅局限于应对现有问题，更包括激发和实施结构性变革，以解决问题的根源。这要求社会服务机构不仅作为问题的缓解者，而且要成为变革的倡导者，通过影响政策制定和公众意识，推动社会向更公正、更包容的方向发展。倡导这样的社会行动意味着要提高公众对不平等和不公正现象的认识，动员社会力量参与到改变现状的过程中来。通过这种方式，社会服务可以更全面地响应社会需求，确保所有社会成员的平等权利和机会，从而推动整个社会的健康发展和进步。这种综合性的服务和行动不仅改善了个体的生活条件，也为社会整体的福祉和公平做出了贡献。

三、社会服务的基本类型

根据不同的分类标准，可将社会服务分成多种不同的类型，具体如表1-1所示。

表1-1 社会服务的基本类型

分类标准	内　容
按社会服务的对象划分	特惠型社会服务
	普惠型社会服务
按社会服务的层次划分	基本型社会服务
	发展型社会服务
	享受型社会服务
按社会服务的方式划分	直接型社会服务
	间接型社会服务
按社会服务的空间划分	个体和家庭服务
	机构服务
	社区服务

（一）按社会服务的对象进行分类

根据服务对象的不同进行分类，社会服务主要分为特惠型社会服务和普惠型社会服务两大类。

1. 特惠型社会服务

特惠型社会服务主要为社会中处于不利地位或遭受困境的人群提供必要的援助和支持，主要关注那些生活条件最为艰难的群体，如生活在贫困中的家庭、身体或心理有障碍的个体、自然灾害的幸存者、无家可归者、孤立无援的孤儿、心理健康问题患者、五保户等，以及那些身体极度残疾或半残的老年人和其他需要额外关爱的优抚对象。通过提供针对性的援助和综合服务，提升受助者的生活质量，确保他们不仅能够满足基本的生活需求，而且能够在社会中保持尊严和自尊。这包括但不限于提供食物、住宿、医疗服务、心理咨询以及日常生活的基本照料。此类服务的实施通常需要跨部门的合作和资源的集中，涉及不同的政府机构、非政府组织、慈善团体以及志愿者。通过协调一致的共同努力，专注于福利的社会服务项目能够有效地响应那些最边缘化群体的需求，帮助他们改善生活状态，为他们提供走出困境的可能性。

特惠型社会服务不仅仅是对个体的帮助，更是一种对社会整体福祉的提升。通过关注和帮助那些最需要支持的人群，展示了社会对弱势群体的关怀和责任感，增强了社会的凝聚力和公信力。这种从底层改善的策略，不仅有助于缓解当前的社会问题，也为建设一个更为包容和富有同情心的社会打下了基础。

2. 普惠型社会服务

普惠型社会服务的核心目标是确保每个社会成员都能公平地得到必要的服务和支持，从而推动整体社会福祉的提升。这种服务模式通过普及化的策略，确保服务的广泛可接近性，覆盖社会各层面和各个角落。普惠型社会服务覆盖的范围十分广泛，涵盖了健康、教育、文化和娱乐等多个方面，旨在提供综合性的社区支持。这些服务不仅限于城市区域，也深入乡村和边远地区，确保每一个社会成员，无论其居住地、经济状况和社会地位如何，都能享受到等同的服务和机会。例如，在教育领域，普惠型社会服务可能包括在城乡社区建立图书馆和学习中心，为所有年龄段的居民提供学习资源和教育机会；在健康服务方面，通过设立社区医疗点和移动医疗服务，确保居民能够及时获取基本医疗服务和健康咨询。

普惠型社会服务的实施强调消除访问服务的障碍，包括经济、地理或社会障碍。政策制定者和服务提供者致力于创造一个无障碍的环境，通过政策支持、资金投入和社区动员，确保服务的普及和高效。此外，普惠型社会服务还致力提高服务的质量和效率。通过收集和分析服务使用的数据，服务提供者能够不断调整和优化服务内容，以更好地满足社会成员的需求。这种反馈循环有助于持续改进服务策略，确保服务普及且高效。

总体来看，这两种类型的社会服务各有侧重点，特惠型社会服务针对特定困难群体提供帮助，而普惠型社会服务则确保所有社会成员都能享受到基本的社会福利。两者共同构成了一个全面覆盖、互相补充的社会服务体系，旨在通过多方面的努力，提升整个社会的生活水平和福祉。

（二）按社会服务的层次进行分类

按照社会服务的层次可划分为基本型社会服务、发展型社会服务和享受型社会服务，每种类型都针对不同的社会需求和目的。

1.基本型社会服务

基本型社会服务致力于满足社会成员最根本的生活需求，保障他们基本的生存权利。这种服务类型主要为处于困境中的个体或群体提供必要的生活支持，以防止他们遭受更严重的生存危机，包括为无家可归者提供餐食；为自然灾害受害者提供临时住宿和饮食保障；为遭遇家庭暴力的人士提供安全的庇护所，以及为孤儿和无法自理的老年人提供基本的集中供养服务等。这些措施通常作为社会服务系统中的急救响应存在，目的是确保没有任何社会成员因为缺乏基本生活条件而陷入极端的生存困境。通过这些基础服务，社会能够为最需要帮助的个体提供一个安全网，这不仅体现了社会的基本人道关怀，也维护了社会的整体稳定与和谐。这些服务的实施通常需要政府部门、非政府组织和社区志愿者之间紧密合作，共同确保服务的及时性和有效性。基本型社会服务还包括一系列预防措施，旨在提前识别和响应可能导致个体或家庭陷入困境的因素。通过早期介入和支持，可以有效预防危机的发生，减轻社会的整体负担。

2.发展型社会服务

发展型社会服务是指一系列旨在支持社会成员持续发展和个人成长的综合性服务体系。这些服务涵盖了文化、教育、卫生、医疗、健康保障、托育服务、就业援助、家庭支持和养老服务等多方面内容，致力于满足个体当前需求的同时，为其长期福祉提供坚实的保障。通过这些服务，个人不仅能够获得所需的资源和帮助，还能在社会中发挥更大作用，实现自我价值和社会功能的提升。在文化方面，发展型社会服务注重提高公民的文化素养和社会参与度。通过提供丰富多彩的文化活动、阅读推广、艺术教育等，激发社会成员的文化兴趣，提升其文化素质，增强社会凝聚力和文化认同感。教育服务是发展型社会服务的重要组成部分，它不仅包括基础教育和高等教育，还涵盖职业教育和终身教育。通过多层次、多形式的教育服务，能够提升个体知识和技能，使其在激烈的社会竞争中具备更强的适应能力和发展潜力。卫生和医疗服务则重点关注社会成员的身体健康和心理健康，包括基本医疗服务、公共卫生服务、心理咨询与辅导等，旨在通过系统化的健康管理，预防和控制疾病，提高社会成员的健康水平，促进其全面发展。健康保障和托育服务也是发展型社会服务的重要内容。健康保障服务通过医疗保险、疾病预防和健康教育等方式，保障社会成员的健康权益，减少其健康风险。托育服务则为家庭提供专业的育儿支持，帮助家长解决育儿难题，促进儿童的身心健康发展。就业援助服务致力于帮助社会成员实现就业和再就业，通过提供就业培训、职业指导、就业信息等，增强其就业能力，促进就业平等。同时，就业援助服务还关注失业人员和就业困难群体，提供有针对性的就业支持，帮助他们重返工作岗位。家庭支持服务是发展型社会服务的重要环节，包括家庭教育指导、亲子关系辅导、家庭矛盾调解等，通过多样化的服务内容，帮助家庭成员解决家庭问题，提升家庭生活质量，促进家庭和谐。养老服务则关注老年人的生活质量和社会参与。通过提供居家养老服务、社区养老服务、机构养老服务等，满足老年人的多样化需求，提升其生活质量，使其能够在晚年享受有尊严、有价值的生活。

3. 享受型社会服务

享受型社会服务是专门设计来提高社会成员生活质量、满足其追求更高层次幸福生活需求的一系列服务，通过提供丰富多样的活动和支持，帮助个人体验生活的乐趣，增加满足感，从而提升整体幸福感。享受型社会服务包括老年教育、心理咨询、精神慰藉，以及各类文化和娱乐活动等，致力于为不同群体提供多方面的支持。

在老年人群体中，享受型社会服务通过提供老年大学的教育机会，帮助老年人继续学习和探索新知。老年大学不仅开设文化、艺术、科技等方面的课程，还举办各种兴趣小组和讲座，激发老年人的学习兴趣和生活热情。这些教育机会不仅丰富了老年人的知识和技能，还促进了他们的社会交往，增强了他们生活的积极性和满足感。心理咨询服务旨在帮助社会成员解决心理问题，提升心理健康水平。通过专业的心理咨询和辅导，个体可以更好地应对生活中的压力和挑战，提升自我认知和情绪管理能力。这些服务不仅有助于缓解个体的心理困扰，还能预防心理疾病的发生，促进心理健康和幸福感的提升。精神慰藉服务通过提供关怀和支持，帮助社会成员在情感和精神层面得到满足。针对老年人、失独家庭、独居人士等特定群体，精神慰藉服务通过定期的探访、交流和活动，提供情感支持和心理安慰，减少孤独感和社会隔离。这些服务不仅增强了社会成员的归属感和安全感，还促进了社会的和谐与互助。文化活动通过组织音乐会、戏剧演出、书画展览等，丰富社会成员的文化生活，提升其文化素养和审美能力。这些活动不仅提供了丰富的娱乐和休闲机会，还促进了社会成员之间的文化交流和互动，增强了社会的文化氛围和凝聚力。娱乐活动通过提供健身运动、旅游、游戏等，满足社会成员的休闲娱乐需求，提升其生活质量和幸福感。这些活动不仅丰富了日常生活，还促进了身体健康和心理健康，使个体能够更好地享受生活的乐趣。

享受型社会服务通过多方面的支持和服务，为社会成员提供了体验生活乐趣和满足感的机会，帮助社会成员实现了更高层次的幸福生活。通过丰富的文化和娱乐活动，享受型社会服务不仅提升了个体的生活质量和幸福感，还促进了社会的和谐与进步。

这三种类型的服务共同构成了一个全面的社会服务体系，不仅应对紧急和基本的生存问题，同时促进社会成员的发展和提升生活幸福感。通过这样的分层服务，社会服务体系能够更精细化地满足不同层次和阶段的社会需求，形成既注重当前需求又着眼长远发展的综合性服务网络。

（三）按社会服务的方式进行分类

根据提供方式的不同，社会服务可以分为直接型社会服务和间接型社会服务，这两种方式各有其特点和应用场景。

1.直接型社会服务

直接型社会服务指的是通过直接干预和支持，满足特定个体或群体需求的服务活动。这类服务以直接接触和互动为核心，旨在通过专业人员的介入，为服务对象提供所需的关怀和支持。直接型社会服务涵盖多个领域，包括儿童福利、青少年矫正教育以及老年人长期照护等，通过有针对性的干预措施，确保服务对象的特殊需求得到及时和有效的满足。

针对困境中的儿童，直接型社会服务通过提供寄养家庭和其他替代照护形式帮助他们摆脱困境，获得稳定和安全的生活环境。寄养家庭不仅提供基本的生活保障，还关注儿童的情感和心理健康，确保他们在一个关爱和支持的环境中成长。这种直接干预模式不仅满足了儿童的基本需求，还为他们的长远发展奠定了基础，促进了他们的身心健康和社会适应能力的提升。行为偏差的青少年是直接型社会服务的另一类重要服务对象。通过矫正教育和辅导，直接型社会服务帮助这些青少年重回正轨，摆脱不良行为习惯，培养积极的生活态度和社会责任感。矫正教育通常包括个别辅导、小组活动和社区服务等，旨在通过多方面的干预，帮助青少年树立正确的价值观，提升自我管理和人际交往能力。这些服务不仅对青少年的个人成长和社会适应有重要作用，还对预防青少年犯罪和社会问题的产生具有积极意义。对于失能或半失能的老年人，直接型社会服务提供长期照护服务，以确保他们在生活中得到全面的照顾和支持。长期照护服务包括日常生活帮助、医疗护理、康复训练和心理支持等，专业的服务人员通过与老年人直接互动，了解他们的具体需求，提供个性化的照护方案。这种直接干预方式不仅提高了老年人的生活质量，还减轻了家庭的照护压力，提高了老年人群体的幸福感和社会参与度。

直接型社会服务的有效实施依赖于专业服务人员的参与和支持。这些人员通常经过专门的培训，具备丰富的知识和技能，能够根据服务对象的具体情况制定和实施有效的干预措施。他们的直接参与和互动不仅保障了服务质量，还在情感和心理层面为服务对象提供了重要的支持，增强了服务对象的信任感和安全感。

2.间接型社会服务

间接型社会服务是一种通过倡导和实施广泛的社会改革来提升整体社会福祉的服务模式。这种服务不直接针对个体，而是致力于通过政策变革、社会结构优化和社会环境改善等方面的工作，营造一个更加公平、健康和可持续的社会环境，从而让所有社会成员受益。间接型社会服务的目标是通过系统性变革，推动社会进步，实现更广泛的社会正义和福祉。推动政策变革是间接型社会服务的重要手段之一。例如，倡导性别平等政策，通过立法和政策调整，消除性别歧视，保障男女在就业、教育、薪酬等方面的平等权益。通过广泛的宣传和教育活动，提高公众对性别平等的认识和重视，推动社会文化和观念的转变，使性别平等成为社会共识和自觉行动。改善劳动法以保护工人权益也是间接型社会服务的一个关键领域。通过推动劳动法的修订和完善，保障工人的基本权利和福利，确保他们在工作中的安全和健康。这包括制定和执行最低工资标准、保障工作时间和休息时间、提供职业安全培训和健康保障等措施。通过这些努力，改善工人的工作条件，提高他们的生活质量和社会地位，促进社会的稳定和谐。环保政策的推动也是间接型社会服务的重要内容之一。通过倡导和实施严格的环保政策，减少污染，保护自然环境，为社会成员提供健康的生活环境。这包括推动减少温室气体排放的政策，促进可再生能源的使用，保护生物多样性，推进废物管理和回收利用等措施。通过环境保护政策的实施，改善空气、水和土壤质量，保障公众健康，促进社会的可持续发展。间接型社会服务还包括改善社会结构的工作。通过推动社会保障体系的完善，确保所有社会成员在面临疾病、失业、老龄化等风险时，能够得到及时和有效的支持。这包括建立健全的医疗保障、失业保险、养老保险等社会保障制度，减少社会不平等，提升社会成员的安全感和幸福感。优化社会环境是间接型社会服务的重要目标之一。通过城市规划、社区建设、公共设施改善等方面的工作，提升社会成员的生活质量。比如，通过推动公共交通系统的建设和优化，减少交通拥堵和污染，提高出行的便利；通过推进绿色空间和公共娱乐场所的建设，改善居住环境，提升社区活力和凝聚力。

间接型社会服务的实施需要广泛的社会参与和合作。政府、非政府组织、企业和公众等多方力量需要共同努力，通过协商和合作，推动社会改革和进步。通过政策研究、公众教育、倡导活动等方式，形成广泛的社会共识和行动，推动间接型社会服务的有效实施和持续发展。

以上两种服务方式虽然在操作上有所不同，但都是现代社会服务体系不可或缺的组成部分。直接型服务通过具体的个案干预来满足个体紧迫的需求，而间接型服务则通过改变整个社会的运作方式来达到长远的改进目的。这样的分类有助于更系统地组织和实施社会服务活动，确保社会服务能够全面地解决问题，提高整体社会福祉。

（四）按社会服务的空间进行分类

根据提供服务的空间，社会服务可以分为三种主要类型：个体和家庭服务、机构服务、社区服务。这种分类便于理解服务的提供环境及其针对的对象。

1. 个体服务和家庭服务

个体和家庭服务专门针对家庭及其成员的具体需求，通过直接介入的方式，提供定制化的支持和解决方案。这种服务模式强调在家庭环境中实施，密切关注家庭内部的动态和挑战，从而有效应对家庭和个体面临的问题。服务内容广泛，包括家庭辅导、儿童抚养指导以及家庭成员的健康管理等，旨在增强家庭功能，改善成员之间的互动和个人福祉。家庭辅导是该服务体系中的核心部分，旨在改善家庭成员间的沟通，解决亲子和配偶间的冲突。通过专业的辅导员介入，家庭成员可以学习更有效的沟通技巧，解决长期的或突发的家庭问题，促进家庭内部关系的和谐与稳定。儿童抚养指导则专注于为父母或监护人提供科学的育儿知识和技能。这类服务帮助家长理解儿童的发展需求，应对养育中的各种挑战，如行为管理、教育引导和情感支持。通过这种专业指导，家长能够更加有效地支持儿童的全面发展。家庭成员的健康管理服务涉及的内容包括定期的健康检查、营养指导、心理健康支持以及慢性病管理。这些服务旨在保障家庭成员的身体健康和心理健康，通过预防和早期干预，减少健康问题的发生，提高家庭的整体生活质量。此外，个体和家庭服务还可能涉及对特殊情况家庭的支持，如单亲家庭、有残疾成员的家庭或经济困难家庭，为这些家庭提供额外的资源和辅助措施，帮助他们应对严峻的生活挑战，实现更好的社会融入和生活质量。

2. 机构服务

机构服务是在一系列专门的社会福利机构内提供的，旨在通过专业团队和系统化的服务，支持和改善特定群体的福祉。这些机构包括社会福利院、养老院、医院、精神卫生设施、教育机构、法院、工读学校、戒毒中心和监狱等，覆盖了社会生活的多个方面，针对不同的需求和挑战提供专业的服务。

在这些机构中，服务的提供通常涉及一系列细致入微的干预措施，如医疗护理、教育培训、心理疗法和法律援助等。这些服务由训练有素的专业人员提供，确保接受服务的个体或群体能够在专业和安全的环境中获得必要的帮助和支持。例如，在养老院中，提供的服务不仅包括基本的生活照顾和医疗护理，还包括心理支持和社交活动，旨在改善老年人的生活质量，保持他们的社会活跃度和精神健康。医院和精神卫生设施则提供基本的医疗服务及复杂的治疗和康复程序，以应对各种健康挑战。教育机构和工读学校则专注于教育培训和职业技能的提升，帮助个体获得新的技能或改善现有技能，增强他们的社会适应能力和就业机会。戒毒中心和监狱内的服务则包括心理疗法和行为矫正，旨在帮助个体重建生活，降低再犯的可能。法院所提供的主要是法律援助，帮助需要法律支持的个体或家庭，确保他们的权益得到保护和公正的对待。通过这些系统化的服务，法院不仅能解决法律问题，还努力维护社会的正义和秩序。机构服务的特点在于其专业化和系统化，每项服务的提供都基于深入的专业知识和实践经验。这种模式确保了服务的质量和效果，可以针对性地解决复杂的社会问题，支持社会成员在面临困境时获得必要的帮助。

总体来看，机构服务通过在不同的专业环境中提供全面服务，为社会成员的福祉和社会的整体健康做出了重要贡献。随着社会需求的变化和技术的进步，这些服务将持续发展和完善，以更有效地响应社会的各种需求。通过不断优化服务结构和方法，机构服务在提升社会福祉和促进公平正义方面将继续扮演关键角色。

3. 社区服务

社区服务是针对社区层面的需求而提供的一系列服务，旨在增强社区的自我服务能力并提高居民的整体生活质量。这类服务主要通过社区中心实施，并强调服务的地域可接近性和社区成员的广泛参与。社区服务的目标是通过提供多样化的支持项目，促进社区的整体福祉和居民的个人发展，其提供的服务涵盖了法律咨询、心理辅导、儿童与妇女发展项目、健康和医疗服务、老年人照护等多个领域。这些服务不仅解决了居民的即时需求，也构建了一个支持性的社区环境，使居民能够在自己居住的社区内获得必要的帮助和资源。法律咨询服务通过提供法律信息和咨询帮助，使居民能够解决法律问题并维护自身权益。这种服务对于低收入或法律资源匮乏的居民尤为重要，它保障了社区居民的法律访问公平性和正义实现。心理辅导则关注居民的心理健康，提供从简单的压力管理到复杂的心理疾病治疗的各种支持。这种服务帮助居民应对生活中的挑战，促进他们的心理福祉，增强社区的整体健康水平。儿童与妇女发展项目专注于这一特定群体的需求，提供教育、保健、权益保护等方面的支持，旨在赋予儿童和妇女更多的发展机会，促进他们的全面成长和社会参与。健康和医疗服务则确保社区居民能够获得基本的医疗照护和健康指导。通过在社区中心设立诊所或临时医疗站，为居民提供便捷的健康检查和疾病预防服务，降低医疗服务的门槛。老年人照护服务为老年人提供了必要的生活支持和健康管理，帮助老年人维持独立生活，同时享受社区的关怀和社交活动，为老年居民提供了一个安全和充满活力的生活环境。

这三种服务空间的分类清晰地展示了社会服务的多样化和系统性，不同类型的服务根据其操作环境和服务对象的特定需求进行设计和实施，以确保服务的有效性和针对性。通过这样的分类，可以更有效地组织资源，确保各种社会服务能够满足从个体到社区不同层面的需求，促进社会的整体福祉和稳定发展。

第二节　高校社会服务的发展历程

随着经济和文化的快速进步，高等教育机构与社会的联系变得更加密切，高校的社会服务功能日趋重要。作为高等教育的核心职能之一，高校社会服务不仅是学校自身发展和壮大的内在需求，也是提升我国高等教育整体服务和发展水平的关键因素，同时还满足了国家社会经济发展的实际需求。分析和理解高校社会服务的发展历程具有深远的理论和现实意义。高校社会服务已有超过一百年的历史，在此期间，其服务的内容和形式经历了显著的演变，使得高校在社会服务方面的能力显著增强。尽管高校服务在内容和形式上不断演变，但其核心理念却始终如一，即高校基于自身的使命和责任，不断调整以适应社会变迁，通过培养人才和提供科技服务等活动，利用自身优势积极推动社会发展。因此，系统梳理和理解高校社会服务职能的历史发展，对于认识其在社会进步中扮演的角色和本质特征具有重要价值。这不仅能帮助我们更好地理解高校社会服务的重要性，也为未来我国高校在社会服务领域的战略规划和实施提供了宝贵的理论支撑和实践指导。这种历史视角的探讨有助于我们全面评估和优化高校的社会服务职能，确保其更有效地响应国家和社会的需求。

一、高校社会服务职能的萌芽

在西方，高校的社会服务功能有着悠久的历史，其萌芽可追溯到中世纪大学时期直至19世纪中期。这一时段被视为高等教育的封闭期，高校普遍处于较为孤立的状态。在此期间，尽管部分高校开始尝试走出校园，参与到社会服务中，但这些活动大多是出于学校自身的需要，而且具有偶发性和自发性的特点，并未获得广泛的社会认可或正式的制度支持。

根据相关文献资料，英国是高校最早直接参与社会服务活动的国家之一。16世纪末，随着新航线的开辟和对外贸易的扩展，资本主义在英国迅速崛起，对新知识和人才的需求日益增长。[①] 然而，牛津大学和剑桥大学这样的传统高等教育机构依然坚持中世纪的教育模式，未能适应这一变化，导致了社会尤其是新兴资产阶级的广泛不满。在这种背景下，1597年，格雷沙姆学院成立，其创立的初衷就是为了满足社会对实用人才的需求。格雷沙姆学院在课程设置上做出了创新，除了传统的七艺学科之外，还增设了物理、地理、航海等实用学科。此外，格雷沙姆学院还积极参与到社会服务中，通过提供各种咨询服务和举办学术讲座，直接服务社会发展，成为英国高校社会服务的先驱。从19世纪50年代开始，英国的主要工商业城市也相继设立了许多新的高校，如利兹学院、伯明翰学院等，旨在支持当地的工商业发展。这些学院的研究和教学活动密切结合本地的发展需求，直接为社会进步提供支持。此外，大学推广运动作为英国高等教育的一项创新，不仅向社会普及知识，也促使传统大学开始认识到自身应担负更广泛的社会责任。这一发展过程标志着高校社会服务功能从零星的尝试到逐

① 张春爱. 论我国地方高校的社会服务职能[D]. 济南：山东师范大学，2008.

渐成为高等教育不可或缺的组成部分的转变，同时也反映了高校在适应社会变迁中的积极角色。

19 世纪初期，德国实施了一系列影响深远的教育改革，其中柏林大学的改革尤为显著，它确立了高校科学研究的重要职能。这一时期的改革也得益于德国科学家亚历山大·冯·洪堡的推动，他不仅提倡高校应重视教学与科研的结合，强调学术研究的重要性，而且建立了若干大学和技术学校，这些机构开始在社会服务领域发挥作用。尽管洪堡倡议的高校发展模式未能完全实现，许多大学科学家仍主要从事科学研究，但也有一些科学家开始与本地企业合作，将科研成果转化为实际应用。例如，李比希的学生霍夫曼就发明了多种合成染料，并与化学公司合作，将这些创新成果推向市场，从而极大地促进了德国染料工业的发展。与此同时，那些未被洪堡体制包含的技术性高等学校，因紧密契合当时的工商业需求而获得了快速发展。这些学校将应用科学和实践作为核心任务，成为德国工商业领域重要的技术人才输送源。这些技术学校的发展最终与传统大学并驾齐驱，直接响应了工业化社会对技术人才的强烈需求。总体而言，19 世纪的教育改革不仅推动了德国高等教育的科研和教学发展，也促使高校在服务社会、促进工业发展方面发挥了积极作用。这种以科研与实践结合为特点的教育模式，有效地支持了德国在工业和科技领域的飞速进步。①

美国高等教育的社会服务功能自殖民时期便已萌芽，尤其在理念和实践方面。美国高校在这方面的领先地位是广为人知的。早在殖民时代，美国就有哈佛大学、耶鲁大学等九所学院受到英国牛津大学和剑桥大学等传统高等教育机构的强烈影响。这些学院虽然重视宗教和古典学科，但也不忽视世俗教育，表现出一定的社会服务功能，特别是在 18 世纪晚期，随着美国社会经济的发展，高校开始调整课程设置，以适应社会的需求。这种趋势表明，尽管最初的高校更侧重于宗教教育，但它们也逐渐开始关注并满足社会的实际需求。美国高校的这种发展模式不仅促进了教育的多样化，

① 朱国仁．从“象牙塔”到社会“服务站”：高等学校社会服务职能演变的历史考察[J]．清华大学教育研究，1999（1）：8-12.

也强化了它们在社会发展中的角色。随着时间的推移，这种社会服务的职能愈发突出，高校的课程设置也更加注重实用性和现代性，以更好地为社会培养所需人才。由此可见，高校不仅是知识传播的场所，更是服务社会、促进社会进步的重要力量。

美国独立后，社会经济快速增长，迫切需要各行各业的专业人才以推动国家的建设和发展。一些州立大学和专业学院相继成立，并在课程设计上强调实用性，致力于培养能够直接服务于社会经济发展的实用人才。物理学、力学、地质学等应用性较强的学科成为课程的重要组成部分。其中，宾夕法尼亚大学和弗吉尼亚大学尤为突出。宾夕法尼亚大学由美国著名的政治家和教育家本杰明·富兰克林创立于1740年。最初，学校开设了英语、基本技艺、数学、自然科学和农业等学科，1755年正式发展为宾夕法尼亚学院，并设立了更多实用性课程，培养了大量实用型人才，极大地促进了当时的社会经济发展，很快就在当时的学院中脱颖而出。1819年，美国著名的政治家和教育家托马斯·杰斐逊创办了弗吉尼亚大学，它是美国建国初期第一所真正的公立州立大学。杰斐逊在办学方面持有强烈的功利观念，提倡大学应顺应社会经济和时代发展的需要，积极培养能为社会和国家做出贡献的实用型人才。他强调大学的目标应是培养优秀的学生，并重视理科及实用教育。杰斐逊还主张教育自由，并推动建立专业学院，同时强调要聘请高素质的教师团队。他还提倡大学应该打破传统束缚，大胆开放社会科学知识。在这些改革的推动下，弗吉尼亚大学迅速成为人才汇聚之地，教学质量显著提升，为美国高等教育的发展树立了新的标杆。这种以实用性为核心的教育模式不仅满足了快速发展的社会需求，也为美国高等教育体系的发展奠定了坚实的基础。

宾夕法尼亚学院和弗吉尼亚大学的成立体现了实用主义和功利主义的教育理念，这些理念为高校社会服务功能的形成提供了理论基础，对美国高等教育机构服务社会职能的形成与发展产生了重要影响。这两所学校在创建之初，就强调教育应与社会需求密切相关，注重培养学生的实用技能，以适应快速变化的经济和社会环境。宾夕法尼亚学院和弗吉尼亚大学都提倡发展实用学科，并强调教育应满足社会的直接需求，同时，这两所学校的创办人——本杰明·富兰克林和托马斯·杰斐逊，也十分重视高校在教学和科研这两大传统职能上的重要性。他们认为，高校的社会服务功能应该建立在坚实的教学和科研基础之上。这种观点虽然没有直接强调高校应直接为社会服务，但实际上为高校直接服务社会奠定了前提和基础。从这一观点出发，我们可以认为宾夕法尼亚学院和弗吉尼亚大学的创建不仅促进了高校社会服务功能的初步形成，也展示了教育与社会需求对接的重要性。高校社会服务职能的发展，需要教育不仅仅局限于传授知识和技能，更应关注其解决社会问题的能力。这种以社会需求为导向的教育模式，是对传统教育职能的重要补充，也是高等教育适应社会发展的必然趋势。

综上所述，从 17 世纪的英国开始，高等教育的社会服务功能已初现端倪，而到了 19 世纪中后期，这一职能在高校中变得更为普遍，特别是在美国，这一时期的高校通过设立实用课程和专业学院，开始满足社会发展的实际需求，逐步摆脱了对传统学术研究的单一依赖，走向了更加开放和实用的教育模式。这些高校不仅仅关注学术的纯粹追求，而且开始融入本州的实际生活中，利用自身的资源和优势，向社会提供必需的技术支持和专业人才。这一过程中，美国的高等学校逐步突破了欧洲教育的传统束缚，其教育模式由纯粹的学术研究向满足社会实际需求转变，逐渐形成了独特的学风和特色，为美国高校社会服务功能的确立提供了坚实的基础。尽管在这个时期，美国高校普遍强调面向社会需求并服务于国家，重视通过教学和研究来响应社会对人才和知识的需求，但并未明确提出直接将为社会服务作为高校的核心职能。这些努力仍处于高校社会服务职能的孕育和初期形成阶段，标志着高校开始认识到其在社会发展中的重要作用，并逐步向这一目标迈进。这一时期的变革，虽未完全定义高校的社会服务功能，却为未来高校在社会服务领域的发展奠定了重要的思想基础和实践基础。

二、高校社会服务职能的形成

高校的三大核心职能——人才培养、科学研究和社会服务，并非一开始就设定好的，而是随着高等教育的不断发展逐渐确立的。近年来，高校在引领社会发展方向、提供多样化服务以及促进社会长期稳定发展中扮演了至关重要的角色。高校的社会服务功能实际上是在人才培养和科学研究的基础上进一步拓展和深化的结果，其发展依赖于前两者的坚实基础，并且也对它们产生了积极的反馈，促使人才培养更加符合时代需求，科学研究更加贴近社会实用性。因此，这种互动和互补确保了高校在社会整体进步中的核心作用。

高等教育社区服务功能的发展与形成可以追溯到美国赠地学院的设立，其背景是工业革命带来的工业化和城市化浪潮。这一时期，机械的广泛应用显著提升了社会生产效率，并引发了对技术和人才的大量需求。为了应对这些变化，尤其是为了满足各地方社区的具体需求，高等教育尤其是地方高校的发展成为一项迫切任务。美国和英国等国家因此对其高等教育系统进行了重大改革，其中之一就是发展能够支持地区社会经济发展的地方大学。在美国，这一改革的里程碑是 1862 年《莫里尔法案》的颁布。这部法案为赠地学院的建立提供了法律和政策基础，使这类学院能够快速发展，并明确了它们在服务社会方面的职责。这不仅标志着大学社会服务职能在理念上的形成，还标志着高校社会服务职能在法律制度上得到了确认。赠地学院的发展既强调教学和科研，也同样重视服务社会的功能，形成了一个教学、科研和社会服务“三位一体”的大学职能体系。这种“三位一体”的功能模式，使得大学在社会的多个领域中发挥着越来越重要的作用，有效地推动了社区和国家的整体进步。

美国赠地学院的出现促进了美国实用性高等教育的发展，特别是“康奈尔计划”和“威斯康星理念”等教育理念的实践。康奈尔大学作为赠地学院的典型代表，自成立之初就采用了一套现代大学的办学理念，尤其体现在“康奈尔计划”中。该计划不仅明确了康奈尔大学的教育目标和发展方向，还强调了大学在社会服务中的角色。随着康奈尔大学的发展，该校不断强化其社会服务机制，扩大服务功能，提升对社会的贡献，在美国高等教育中推动了社会服务职能的发展和确立。

威斯康星理念在美国高等教育领域产生了深远的影响，特别是在指导州立大学提升社会服务能力方面，促进了高校社会服务功能的形成和发展。这种理念认为高校应直接参与本州的经济和社会发展，帮助推动科技进步。[①]实践证明，威斯康星理念的实施不仅深化了高校的社会服务职能，还强化了它们在社会各领域中的作用。

美国高校社会服务职能的确立是历史和文化进程的结果，受到了多种因素的影响，包括美国实用主义的民族特质、资本主义发展产生的大量实用人才需求，以及世界形势的变化。美国的高等教育机构从创立之初就与社会发展和时代需求紧密关联，因此在服务社会方面表现出多样化和多层次的特点，为高校与社会各领域的合作开辟了先例。在此过程中，高等教育的封闭式办学模式逐渐被打破，高校与社会之间建立起初步的良性互动关系。随着时间的推移，直接为社会服务逐渐成为高校的核心职能之一，在美国高校广泛推广，其他国家高校也开始效仿。例如，英国的城市大学提倡“学术主导治理”，强调学校在社会中应保持自主地位，这有利于平衡不同利益，并使学校能以自由的身份主动参与经济社会建设，从而实现社会利益的最大化。德国大学的“卓越计划”则是对新历史挑战的响应，旨在提升精英教育水平，这不仅促进了高等教育的大众化，也增强了学校的办学和科研实力，强化了其社会服务能力。这些变化表明，高校的社会服务职能已经从边缘职能转变为核心职能。随着这一理念的普及，高校社会服务的形式和内容也变得日渐丰富，这不仅提升了高校的社会影响力，也增强了其在全球教育领域的领导地位。

显然，高校的社会服务不仅是基于其作为教育机构的基本功能，更是高等教育适应社会发展需求的必然结果。在实际操作中，高校的社会服务活动并非孤立存在，而是与其日常的教学和科研工作紧密相连，体现了这些基本职能的自然延伸和实际运用。因此，高校需深刻认识到自己在推动经济建设和社会发展中的关键作用，积极履行职责，以完成教育使命。这

① 朱国仁．从“象牙塔”到社会“服务站”：高等学校社会服务职能演变的历史考察[J]. 清华大学教育研究，1999（1）：5-7.

种角色的承担和职责的履行，是高校发挥综合性能力，服务社会的具体表现。

三、高校社会服务职能的发展

20 世纪 50 年代，高校的社会服务职能经历了显著的增长和发展，这在美国尤为明显。通过积极的社会服务活动，美国高校在经济、政治和文化等多个层面为国家带来了深刻的变革。经济方面，高校通过提供技术支持和研究成果，极大地促进了美国农业的现代化，推动了工业的快速发展，显著提高了国家的经济效益。政治方面，高校参与的多种社会研究和政策制定帮助解决了许多社会矛盾和纠纷，促进了社会的和谐与稳定。文化方面，高等教育的普及和文化活动的举办提高了民众的文化素质，使人们享受到更高质量的现代生活。[①] 进入 20 世纪 60 年代后，美国高校开始更加注重与企业界的合作，不断强化与企业的联系，并建立起一种互利共赢的“伙伴关系”。这种产学合作模式不仅为高校带来了资源和资金，也为企业提供了创新的科技和研究成果，共同推动了科技进步和经济增长。至今，许多著名的美国大学都与周边企业有着紧密的合作关系，这种合作关系已成为高校社会服务职能的一个重要方面，也是高校在实现自身发展和促进社会进步中扮演的重要角色的体现。这种关系的建立和维护不仅展示了高校对社会服务职能的重视，也反映了高等教育在现代社会发展中的核心作用。

在知识经济时代的背景下，新知识和新技术已成为推动社会进步的关键因素。高校因其在科研方面的独特优势，已成为创新的重要源泉，其科研成果的实际应用对于各国经济发展至关重要。美国特别强调高等教育在科研创新中的核心地位，不仅加强了高校和企业之间的合作，而且通过促进科研成果的商业化，直接服务于地方经济的增长。美国政府对高校的社会服务功能亦给予高度重视，通过政策优惠和资金支持，促进高校与社会

① 陈时见，甄丽娜．美国高校社会服务的历史发展、主要形式与基本特征 [J]. 比较教育研究，2006（12）：14-19.

的互利合作。如今，美国高校与商业实体的联系日益紧密，在国家创新体系中扮演着越来越重要的角色。同时，其社会服务职能也在形式和内容上不断创新和实体化，扩展了服务的领域和方式。[①] 总之，20 世纪的美国高校已经形成了一个将教学、科研与社会服务相结合的“三位一体”的功能体系。这一体系不仅提升了社会服务的效能和质量，也推动了美国农业和工业的快速发展，为国家经济的全面增长提供了坚实基础。此外，高校的这一角色还促进了自身的持续改进和发展，加强了对企业、社会和政府的支持，同时也有助于提升高校的科研和教学质量。这些进展标志着美国高校社会服务职能的成熟与完善。

当前，社会服务已成为高等教育的核心职能之一，并且这一职能的定义随着时间的推移越来越丰富。学术界通常将高校社会服务的定义分为广义和狭义两种。广义上，高校社会服务被视为高等教育机构根据国家设立的教育目标和自身的功能、能力与资源，在办学过程中主动满足社会对高等教育的广泛需求。狭义的高校社会服务则专指高校在保障正常的教育和研究活动的基础上，利用其在教学、科研以及人才培养方面的优势，直接向社会提供有助于经济和社会发展的服务活动。这些服务活动具有明显的社会指向性、实际应用性、学术性、发展性，以及服务的针对性。高校社会服务的内容非常广泛，实现形式多样，与社会发展的关系紧密，彼此之间存在不可分割的联系。高校与社会之间的关系是相互依存和相互促进的，呈现出一种互融性。这表现在高校通过提供各种服务来履行其教育职能并助力社会建设，同时社会也通过政策支持和资金投入等方式，支持高校的持续发展以满足教育机构的需求。这种动态的互动关系确保了高校能够在服务社会的同时，也得到社会的反哺，形成良性循环。随着社会需求的不断变化和高校资源的优化配置，高校社会服务的职能不断被重塑和强化，使得高等教育机构不仅仅是知识的传播者和人才的培养基地，更成为社会

① 周静. 基于 BSC 的高校社会服务绩效评价指标体系构建研究 [D]. 天津：天津大学，2012.

发展的积极参与者和推动者。这种参与不仅深化了高校的社会职能，也促进了社会各领域的进步与繁荣。

当前，我国高等教育的社会服务职能正在经历显著的创新与拓展。高校所提供的社会服务已不仅仅局限于传统的人才培养和知识输出，而是更加注重实用性和符合社会需求的特性。具体表现在，高等学府正在更积极地与政府部门、企业等社会机构展开合作，如合作办学和共同进行科研项目，进而形成了多个合作联盟。这些联盟使得高校的社会服务更为具体和可感知，同时也更规范和有序。此外，高校社会服务的方式也从过去的间接服务转变为直接服务。以往，高校通常以提供政策咨询和技术指导等形式间接服务于企业和政府部门，现在更多地采取主动研发和应用的模式，直接参与生产实体的建设，显著提高了科研成果的实际应用率，并在实际生产中创造更多社会价值。这些变化反映出高校在社会经济和文化建设中扮演的角色日益重要。随着社会需求的不断演变，高校亟须不断探索和扩展社会服务的新领域，丰富服务的内容，并增强其服务社会的整体能力。这不仅能助力高校自身的发展，也能有效促进社会的全面进步。这种发展趋势显示，高等教育机构正在逐步成为连接知识与实践、理论与应用的关键桥梁，其在社会发展中的作用和影响不容忽视。

高等学府不仅是学术的殿堂，更是社会发展的重要推动力。它们的服务能力和发展质量直接关系到社会的进步速度和质量。通常来说，高校的社会职责主要体现在向社会输送高素质人才和提供科技支持等方面。不同的学校类型和地理位置意味着它们服务的领域和深度也会有所不同，这就产生了显著的地域性差异。在此背景下，高校需要积极响应国家的政策导向，明确自己在社会发展中的角色和定位。高校应当利用自身的地理和文化优势，深入了解并分析当地的具体需求，从而提供更有针对性和人性化的服务。这不仅能增强高校的地方特色，还能使其服务功能更加符合时代的要求。这不仅有助于高校更好地服务于社会，还能促进其自身的持续发展和提升。通过这样的方式，高校可以更好地为地方和国家的发展做出贡献，同时也能够提升自己的社会声誉和影响力。

在当前时代背景下，随着国家综合实力的不断提升和社会对科技与知识需求的持续增长，高等教育机构面临着从传统的物质依赖向科技创新和高质量人才培养的转变。这一转变强调了高校在社会发展中扮演的核心角色，使得它们成为推动社会进步的关键力量。根据《国家中长期教育改革与发展纲要（2010—2020）》的指导，高等学府需要加强其服务社会的能力，确保教育活动与社会需求紧密相连。这意味着高校必须树立积极主动服务社会的意识，通过全面的教育与研究活动，积极参与社会建设和文化传承。作为我国高等教育体系的重要组成部分，高校在新时代背景下的任务和责任尤为突出。国家和社会对高等教育的期望正在发生变化，这不仅是对高校的挑战，也是对其发展方向和办学能力的新要求。高校需要在强化自己的教育特色和提升教学质量的基础上，积极参与到社会服务中，以创新的方式贡献于社会发展。这些贡献具体表现在几个方面：首先，高校应致力于培养符合社会需求的优秀人才，这些人才不仅需要具备扎实的专业知识，还应有能力解决实际问题。其次，高校应当开展广泛而深入的科学研究，推动技术创新和知识产权的生成，加速科技成果的转化。最后，高校还应与社会各界共同努力，推广和传承特色文化，促进文化创新，这不仅丰富了社会文化生活，也加强了高校与社会的互动和联系。

在历史的长河中，高校的职能经历了从单一的教学机构向包含科研和社会服务的综合体的演变，特别是在现代，社会服务已成为高校不可或缺的一个核心职能。相较于国际上某些成熟的高等教育系统，中国高等教育的发展起步较晚，其职能发展也经历了一段持续探索和完善的过程。从早期以来，中国高校主要采取以教学为主的办学理念，专注于培养能够支撑社会经济发展的人才。随着改革开放的深入，为适应国家和社会在经济、科技及文化领域的需求，高校的科研功能开始得到认可和加强，尤其是研究型大学，开始重视科研与教学的双重职能，逐渐成为科研和教育的中心。到了 20 世纪 80 年代，随着国家对教育与社会主义建设相互依赖的教育政策的确立，高校的社会服务功能开始受到重视，并迅速得到发展。1985 年和 1988 年，中央政府发布了一系列涉及科技与教育改革的重要文件，明确了高校在社会服务中的重要角色，并为其服务功能的实现提供了政策支持，标志着高校社会服务职能的官方确认和推动。进入 21 世纪以后，随着我国高等教育规模的快速扩张，高校在培养高质量人才和科技服务社会方面取得了显著成就。

近年来，高校在建设社会服务能力方面取得了不少进展，成功地探索并创新了教育思想和服务模式，不断拓宽服务社会的领域和内容。同时，高校在社会服务的进一步发展中仍面临一些挑战和问题，需要与时俱进，不断提高其服务社会的能力。在新的发展时期，高校应当聚焦在四个重要方面：第一，实质性提升服务能力。高校的核心任务是高质量的应用型人才培养，要致力于培养具有多元能力和广泛视野的复合型人才，以适应不断变化的社会需求。第二，构建科学的服务职能体系。高校需要建立和完善一个合理、科学的服务职能体系，确保教育和服务活动的有效性和效率。第三，加强与社会的联系与合作。加强与各行各业的紧密合作，构建良性的互动关系，是提升服务质量的关键。这种合作不仅能够增强高校的社会服务能力，还能促进知识和技术的应用与创新。第四，持续和稳定的内涵式发展。高校应实施可持续发展观，推动学校在保持质量的同时实现规模的合理扩展，确保长远发展。

总之，随着时间的推移，高校的角色已经明显转变，其职能也从最初的教育和研究任务扩展到了包括文化创新和传承在内的多维职能。高校的职责不再仅仅局限于传统的人才培养和科研工作，还需要积极响应社会发展的多样化需求，通过扩展服务渠道和丰富服务形式，加强与社会的互动，更加主动地参与到社会经济文化建设中去。然而，建设高校的社会服务能力并非一朝一夕之功，需要教育机构、政府和社会等多方面的力量共同参与，通过长期的合作和规划来设定现实的目标和协调利益关系。实际操作中，应形成一种以高校自主发展为主导、政府和社会提供支持的健康发展机制，以促进高校社会服务能力的提升和可持续发展。随着我国社会主义社会的发展和体制的完善，高等教育机构的社会服务功能逐渐得到强化。近年来，国家进一步增强了对高等教育的支持力度，如调整高校招生政策、扩大招生规模，并根据时代要求设立了建设世界级高校的目标。国家与高校均认识到了强化高校服务社会职能的重要性，并积极优化高校的办学结构和地理布局。为了更好地服务社会，高校被鼓励以培养高级人才为基础，以提升科研能力为支撑，不断深化和扩展其服务的层次和形式，从而提高整体的社会服务能力。这种多维服务的实施不仅有助于高校更好地回应社会的期待，也使得高校能在促进社会进步和文化繁荣中发挥更大的作用。

第三节　高职院校社会服务评价的相关概念

一、高职院校的概念界定

职业教育在我国教育体系中扮演着至关重要的角色，是推动经济增长、社会进步和就业增加的关键因素之一。我国的职业教育体系分为职业学校教育和职业培训两大类，涵盖了从基础到高级的多个教育层次。具体到职业学校教育，包括初级、中级和高级三个层次。高等职业教育主要由职业大学、职业技术学院、高等技术专科学校、成人高等学校、高级技工学校，以及普通高等学校中设立的二级学院——职业技术学院组成。这些机构共同构成了我国高等职业教育的框架，旨在为社会培养具备专业技能的技术型人才，满足国家和社会的发展需求。通过这种教育模式，不仅可以提高劳动者的职业技能，还能有效促进教育事业和就业市场的繁荣发展。

“高职院校”即“高等职业院校”的简称，主要负责提供高等职业教育，一般学制为三年，其教学目标是培养既具备大学水平的知识和高素质，又具有专业技术和实际操作技能的技术型人才。教育内容注重实用性和应用性，旨在使学生能够在工作中直接应用所学知识和技能。高职院校的教育特色体现在四个方面：第一，学生在学习过程中不仅要掌握必要的理论知识，还要学习科学文化基础知识，并能熟练掌握核心技术，以满足实际应用的需求。第二，教育过程强调知识的综合应用，通过跨学科的教学方法让学生融会贯通不同领域的知识。第三，重视培养学生的沟通能力、团队协作能力和人际交往能力，使其在未来职场中更具合作精神和适应性。第四，特别强调实践技能的学习和职业技术的训练，通过实践教学来增强学生的职业能力，确保他们能够在毕业后迅速适应工作环境，有效应用专业技能。

高等职业教育主要以培养应用型技术人才为核心，提供专科级别的课程，但从2008年秋季开始，部分获得教育部批准的国家示范性高职院校也开始提供四年制的本科教育。高职院校的毕业生获得的是国家认可的专科（三年制）或本科（四年制）学历证书，享受与其他普通高等学校毕业生相同的待遇。高等职业教育在学制安排上具有一定的灵活性，通常情况下，全日制专科学习期为三年，本科为四年，而非全日制教育的学习时间则相应延长。对于直接招收初中毕业生的高职院校，基本的学习期限设定为五年，不过这类学制目前正在逐步被取消。总的来说，高等职业教育强调实用性和技术应用，其灵活的学制设计使得教育更加贴近实际工作需求，能够快速响应社会和经济的变化。这种教育模式不仅为学生提供了实践技能的机会，还确保了他们毕业后能够高效地融入职场，成为具备高级技术技能的专业人才。

二、高职院校社会服务能力

学术界对高职院校社会服务功能尚未形成具有共识的定义，解读存在多样化。一些研究者甚至直接将普通高校的社会服务定义应用于高职院校，而没有区分二者之间的差异。祖天明在其研究中区分了高职院校社会服务的广义和狭义概念。他认为，广义上的社会服务涵盖了高职院校的核心职能，包括人才培养、科学技术的发展及直接对社会的服务。狭义的社会服务则专指高职院校在完成国家规定的教育教学任务之外，通过多种形式为社会经济发展提供的具体服务活动。① 周世青进一步阐述了高职院校社会服

① 祖天明.提升高职院校社会服务能力的途径研究[J].中国市场，2011（27）：185-186.

务功能的内涵，他提出这一功能主要是为国家经济发展提供高技术技能应用型人才的培训，专业技术的创新、推广以及助力文化的传播。具体而言，包括向地方经济和行业提供培训服务、科技服务和文化服务，以及建立培训开发中心、研发推广中心和区域学习中心等。[①] 仇雅莉在其研究中强调，高职院校社会服务的内涵体现在几个关键方面：一是创新人才培养模式，致力于培养符合社会发展需求的高技术技能型人才；二是提供相关的职业技能培训，以提升社会、行业和企业劳动者的素质；三是提供技术服务，帮助解决行业和企业面临的应用技术问题；四是通过交流合作和对口支援，推动地方职业教育的发展。[②]《国家示范性高等职业院校建设计划》中，对高职院校的社会服务功能进行了界定，突破了以往仅限于地方区域性发展的传统观念，强调高职院校应提升对区域外的辐射和渗透力，拓宽服务范围。此外，高职院校社会服务内容也进行了拓展，如将社会主义新农村建设纳入其中，使得高职院校承担起农村劳动力转移培训的责任，通过提供师资培训和支持地方区域内职业教育的和谐发展，进一步加强了社会服务的广度和深度。这些观点共同构成了对高职院校社会服务功能的多维解读，展示了其在培养技能型人才、推动技术创新、服务地方经济和文化发展等方面的重要作用。

高职院校社会服务的定义可以从广义和狭义两个层面来解析。广义上的社会服务涵盖了高职院校的基本职能，即人才培养和科学研究。狭义上的社会服务则具体指涉高职院校在完成其核心教育教学和科研任务之外，如何利用其特有资源，主动开展各类教育活动，以多样的方式对社会的发展提供支持和服务。这包括但不限于提供专业技能培训、推动科技创新，以及进行文化传播等。此定义强调高职院校应超越传统的教育和研究职能，积极发挥其在社会发展中的独特作用。通过各种教学活动和项目，高职院校不仅培养了技术熟练的专业人才，也为地方经济和社区的发展提供了实

① 周世青．高职院校社会服务功能的现状及思考[J]．高教论坛，2009（12）：112-114.

② 仇雅莉．示范性高职院校社会服务的内涵与实践[J]．教育与职业，2010（20）：169-170.

际可行的技术解决方案和文化推广，加强了与社会的互动和联系。这种服务模式为社会各界特别是地方企业和行业提供了宝贵的支持，增强了教育的实用性和社会责任感。

第四节 高职院校社会服务评价的理论基础

高职院校社会服务评价是评估高等职业技术教育机构在提供社会服务方面的效果和影响的一种机制。该评价体系基于一系列理论基础，旨在确保服务的有效性、适应性和持续性。这些理论基础不仅提供了评价的方法和标准，还引导高职院校优化其社会服务项目，以满足社会的需求和期望。本节针对以下四种理论基础（如图 1–3 所示）对高职院校社会服务评价进行探讨。

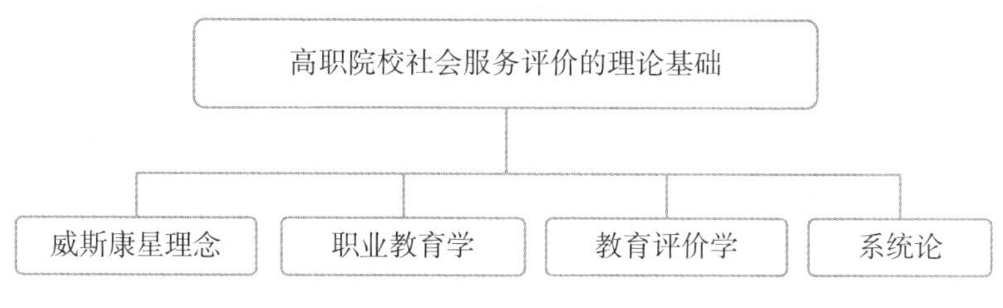

图 1–3 高职院校社会服务评价的理论基础

一、威斯康星理念

在美国高等教育历史中，大学的社会服务功能首次被明确提出是在 19 世纪中后期，这一点已被教育学界认可。美国教育家克拉克 · 克尔曾经指出，高等学校的公共服务概念最初源于美国的赠地学院运动。然而，社会服务功能成为高校三大核心职能之一，实际上是随着“威斯康星理念”的形成而正式确立的。威斯康星理念主张高校应当将其资源和能力直接投入公共问题的解决，使大学成为服务社会的直接力量。这一思想具体体现在传播知识和专家服务两个方面。

（一）传播知识

美国威斯康星大学通过多种方式为威斯康星州的经济和文化发展做出了显著贡献，主要通过传播知识、技术推广和信息提供三个方面实现。根据范·海斯的观点，威斯康星大学的社会服务主要有两个途径：首先，威斯康星大学设立了知识推广部，这是在 1915 年由路易斯·罗伯创建的。该部门的服务项目主要有函授教育、专家学术讲座、公开辩论及研讨活动、提供一般性信息与福利服务。知识推广部是威斯康星大学对外提供服务的重要平台，它通过组织各种形式的教育和培训活动，使大学的功能扩展到了社会服务领域。[①] 通过这些活动，大学不仅向学生提供服务，也向社会各界提供技能培训和理论知识，帮助人们解决实际问题，促进职业发展，从而使大学的影响力扩展到了传统教育之外。其次，流动图书馆的建立也是威斯康星大学传播知识的重要方式。这一服务由大学的公共图书馆委员会负责，委员会将成箱的书籍和最新的印刷品分发到州内各地区、社区乃至家庭。这不仅加速了知识的传播，还使得最新的学术成果和实用技术能够迅速到达最需要它们的地方。流动图书馆的服务确保了偏远地区的居民也能够接触到丰富的资源，从而提高了州内的教育水平和文化素质。

（二）专家服务

威斯康星大学的专家服务不仅反映了大学对社会贡献的承诺，还展示了其在实际操作中的具体应用。早在 1910 年，该大学就有 35 位教授在州内多个政府和民间委员会中担任兼职，包括政治学家协助政府起草法律文件；工程师帮助地方政府设计和规划道路建设等。更深入地，威斯康星大学的教授们还以“巡回教师”的身份，主动前往乡村、工厂和商店，提供专业的现场指导和帮助，无论是高级教授还是初级教员都积极参与其中。这使得大学与社会的联系更加紧密，也使专家能够直接对社会发展做出贡献。此外，威斯康星大学的研究生和本科生也踊跃投身于各种公共服务工作，许多学生在州政府部门和非政府组织中担任兼职，这不仅帮助他们积累了

① 王廷芳．美国高等教育史[M]．福州：福建教育出版社，1995：139-144.

实际工作经验，还有助于他们未来的职业生涯发展，学生在完成学业的同时，也为社会做出了实质性的贡献。

专家服务的影响是双向的：一方面，威斯康星大学通过派遣专家支持本州的社会和经济发展；另一方面，大学也邀请社会各界专家参与校内教学和研究，以增强自身学术力量和研究深度。这种双向互动不仅增强了大学的社会服务功能，还丰富了学术环境，使其更加贴近实际需要。威斯康星理念不仅促使美国通过《莫里尔法案》推广了高等教育的第三功能——社会服务，还创造性地发展了这一职能，使之成为高等教育的一个标志性特征。这种以服务社会为核心的教育理念不仅在美国得到了广泛应用，也跨越大洋传播到其他大洲，成为全球高等教育界广泛认可和实施的办学理念。

二、职业教育学

李向东和卢双盈在《职业教育学新编》一书中详细阐述了职业教育的定义和重要性。他们认为职业教育是为了适应社会经济的发展需求和满足个体的职业就业需求，专注于对具备一定教育背景的人群进行职业素养和技能的培训。这种教育不仅提供理论知识，更强调实践经验的培养，这种实践经验是从事各种职业必不可少的。职业教育与传统的普通教育相比，具有更加明显的社会导向性，直接关系到国家的经济、政治和文化繁荣，并在国家经济社会发展中扮演着关键角色。职业教育通过培养高技能人才，为国家的工业、技术和服务领域提供了强大的人才支持，推动了国家经济的持续增长和社会的全面发展。此外，职业教育还在促进科技应用和传播方面发挥着重要作用。通过教授最新的技术和方法，职业教育帮助学生掌握必要的职业技能，使他们能够在各自的行业中更好地应用现代科技，从而提高整个经济体的技术水平和生产力。

此外，李向东和卢双盈还在著作中详细探讨了职业教育在社会服务中的关键作用，强调了它通过两个主要途径对社会的贡献：首先，职业教育直接影响就业市场的动态，主要通过提高就业率、促进劳动力的充分就业和支持性就业来实现。职业教育的核心在于其就业导向的特性，旨在促进学生成功就业，通过就业率和就业稳定率来衡量其教育成效。由于职业教育紧密对接社会职业需求，其专业课程设计与市场需求高度相关，这种定位精准有效地促进了学生的就业，并为专业技术人才的快速职业发展提供了支持，增加了他们自主创业的可能性。其次，职业教育通过提供针对性的职业培训来服务社会。职业培训有广义和狭义上两种解释。广义上，职业培训包括为适应职业市场需求而对求职者及在职工人进行的各种教育和训练活动，目的是提高他们的职业素质和技能。狭义上，特指针对特定职业岗位需求而开展的培训，旨在将个体培养成符合职业道德和技术要求的合格劳动者。

刘春生和徐长发也在研究中指出，职业学校的教学目标是高效服务社会，通过专业课程的设置和教学活动直接回应社会各行业的需求。这种教学模式不仅促进了学生的职业发展，也直接增强了职业教育机构的社会服务能力。①

总的来说，职业教育通过其实践导向的教学和强调就业的教育模式，在促进劳动者就业、满足企业和社会的人力资源需求、提高国家经济效率方面发挥了核心作用。这种教育形式不仅有助于个体职业生涯的成功，也是社会经济发展的重要推动力。

三、教育评价学

（一）教育评价学概述

教育评价的概念由泰勒在1929年首先提出，他将教育评价描述为一个核心的评估过程，其目的是衡量课程和教学大纲在实现教育目标方面的效果，以及学生在行为上实际发生的变化。在定义教育评价的具体方式和标准上，至今尚无统一的共识。我国学者王汉澜教授提供了一个较为详细的定义：教育评价是基于特定的目的和标准，运用科学方法对教育活动中的

① 刘春生，徐长发．职业教育学[M]．北京：教育科学出版社，2002：169.

各种参与者、管理行为和条件进行的质量和量化的价值判断。教育评价可以分为广义与狭义两个层面。广义的教育评价涵盖对整个教育活动的评价，可以视为对整个教育系统的宏观评价。这种评价涉及对教育政策、教育机构运作、教师教学效果及其他相关方面的综合评估。狭义的教育评价专注于评估学生学习的质量，关注的是更为具体的教学活动和学生学习成果的评价，是教育评价的微观层面。通过这种划分，教育评价不仅可以帮助教育者和政策制定者了解教育活动的整体效果，也可以具体地评估学生在学习过程中的表现，从而对教育实践进行有效的调整和改进。这使得教育评价成为提升教育质量和效率的关键工具。

（二）职业教育评价

职业教育评价是教育评价在特定领域的应用，专门针对职业教育的各个方面进行评估。根据刘春生和徐长发的定义，职业教育评价是一个系统的评估过程，其中评价者依据职业教育的具体目标和标准，运用科学合理的评价方法及技术手段，对职业教育的教学质量和成效进行价值判断。此过程旨在为职业教育的持续改革提供数据支持，帮助提升整体的教学和管理质量。

在职业教育评价体系中，涉及的关键要素包括评价主体、评价对象、评价目标、评价标准、评价方法、价值判断和评价结果。每一环节都是评价过程中不可或缺的部分，共同构成了完整的评价体系。

1. 评价主体

负责进行职业教育评价的个人或组织，如教育评估专家、教育机构等。

2. 评价对象

职业教育评价关注的具体内容，如课程内容、教学方法、学生表现等。

3. 评价目标

评价活动旨在达成的具体目的，通常与教育质量改进、政策调整等相关。

4. 评价标准

设定的标准或准则，用于衡量教育活动的成功与否。

5. 评价方法

包括但不限于调查问卷、观察、测试等，用于收集评价所需的信息。

6. 价值判断

对收集到的数据进行分析和解读，以做出对于教育质量的判断。

7. 评价结果

评价过程的终点，形成的结果报告可用于指导未来的教育活动和政策制定。

通过这种综合评价，职业教育活动可以得到有效的监控和持续优化，确保教育活动能够达成既定的教育目标，同时为相关的教育决策提供坚实的数据支持。

四、系统论

系统论是一种科学方法论，它强调从整体视角出发，系统地分析和处理问题。这种理论认为，无论是自然界还是社会现象，都可以看作是由众多相互关联、相互作用的部分组成的整体系统。系统论的核心理念是“整体大于部分之和”，即系统的整体功能通常会表现出超出单个组成部分能够单独实现的性质和效果之和。系统论的基本观点是，处理任何问题时都应将其视为一个完整的系统。这个系统的性能不仅仅由单个组件的功能决定，而是由各组件之间的相互作用和协同效应形成。这种相互作用可能产生新的性质，这些新性质在系统的各个独立组件中是不存在的，它们增强了整个系统的功能和效率。该学说的提出者是美籍奥地利理论生物学家贝塔朗菲，他通过系统论的框架，强调了在分析任何复杂问题时，各部分之间以及整体与外部环境之间的动态联系和制约关系的重要性。系统论通过综合考察研究对象的各个方面，旨在实现问题处理的最优化。

在教育评估体系的设计中，系统控制论的闭环原则发挥着核心作用。该原则基于“闭环控制系统”的理念，内含负反馈调节机制，旨在通过自我调整和优化持续向最优状态靠拢。闭环控制系统能够自动检测和修正系统偏差，从而确保系统性能的稳定和目标的实现。具体来说，闭环控制系统的操作机制涉及以下步骤：第一，系统通过信息反馈路径收集关于其性能的数据，以此来评估当前结果与预设目标之间的偏差。第二，系统分析这些偏差的成因，并根据分析结果调整和优化相关的运行环节和流程。改进后的系统状态再次被评估，以确定是否还存在与目标的偏差，如存在偏差，再次进行调整。这一过程循环进行，不断通过输入与输出的动态回馈来微调系统，确保每一次的输出都更接近于系统的既定目标。这种以结果为导向的控制逻辑使得系统能够动态适应环境变化和内部条件的变化，通过连续的自我评估和自我改进，系统逐步达到并维持在最佳运行状态。这一过程不仅提高了系统的效率，也促进了系统目标的最终实现。在学校教育评估的应用中，闭环原则确保了评估活动不是对教育活动的单次检查，而是一个持续的改进过程。教育机构可以通过这种方法识别并解决教育过程中出现的问题，持续提升教育质量，确保教育成果能够满足教育目标和社会需求。这种系统思维和方法为学校教育评估提供了一种科学、系统和可持续的操作框架（如图 1–4 所示）。

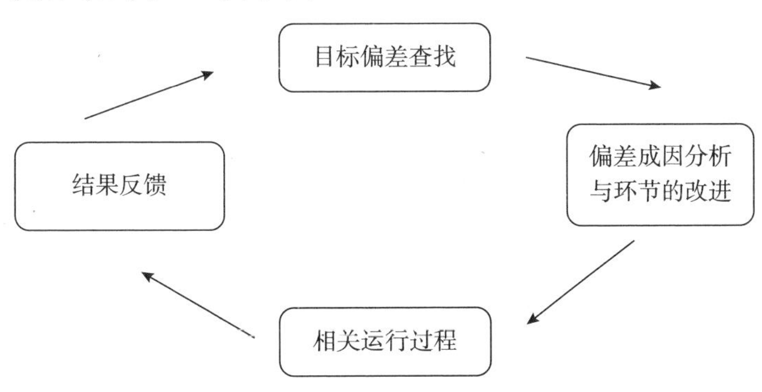

图 1–4 系统论闭环控制系统

教育评估建立在系统科学的基础之上，它强调系统性和整体性。在对高职院校社会服务能力进行评价时，必须从系统论的视角出发，全面理解评价体系的结构和内涵。基于系统控制论的方法，评价体系的设计应确保各个组成部分形成有效的闭环，以保证系统的最优运行。具体而言，设计一个高效的社会服务能力评价系统需要依据三个核心原理：整体原理、反馈原理和有序原理。整体原理要求在评价过程中考虑所有相关因素和条件，确保评价活动全面覆盖高职院校社会服务的各个方面。反馈原理强调利用评价结果作为改进和调整的依据，通过系统内部的信息反馈机制不断优化评价过程和结果。有序原理则指导评价活动的规范化和系统化，确保评价过程条理清晰、有序进行。将这些原理融入评价系统的设计，可以形成一个闭环的评价模式，不仅能准确反映高职院校在社会服务方面的能力和效果，还能针对评价发现的问题进行针对性的改进，从而持续提升院校的社会服务能力。这种系统化的评价方法能够更有效地支持高职教育在服务社会方面的持续发展与优化。

第二章　高校社会服务的职能

第一节　高校社会服务职能的必要性与价值追求

一、高校社会服务职能的必要性

随着我国步入知识经济时代，高等教育的角色变得愈加关键，高校在推动经济增长、教育振兴及文化创新传承中的影响力不断加强。参照发达国家的教育经验，其大学在运营模式和特色上普遍强调对经济和产业发展的支撑，以服务社会和经济发展为宗旨，以培养实用型人才为核心理念，并将突出地方特色及独特性作为发展策略。在这一背景下，高校的社会服务职能显得尤为重要。高校的社会服务不仅促进了高校与社会的互动，而且有助于社会更好地利用高等教育资源以支持高校的持续发展。此外，高校还可以通过社会服务活动更好地适应经济和社会发展的需求，调整自身的教学和研究方向，确保教育活动、科研与提供的社会服务更紧密地与社会的实际需求相结合。

通过扩展社会服务的深度和广度，高校不仅能提高教育和服务的质量，还能更积极地参与到社会经济的实际问题解决中，从而增强自身的办学实效性和社会影响力。这种自我增强的社会服务能力，不仅是对外部社会需求的响应，更是高校为实现自身的长远发展和履行教育使命所采取的关键策略。因此，强化和扩充高校的社会服务职能是一种双赢的战略，既有助于高校更好地发挥其在社会中的作用，也促进了社会资源的有效利用和高校教育质量的整体提升。这种模式不仅对高校本身，而且对整个社会的进步都具有深远的意义。

（一）高校社会服务是高等教育职能发展的历史使命要求

随着资产阶级革命和工业革命的推进，高等教育的职能得到了显著扩展和发展，以适应社会的需求。德国科学家亚历山大·冯·洪堡特别强调了高校的双重基本任务——知识传授和科学研究，并提出了教学与科研一体化的理念，这对高校的职能定位产生了深远的影响。到了 19 世纪中叶，高等教育开始显现出社会服务的职能，这一变化在美国通过《莫里尔法案》后得到了具体体现，法案将高校的发展直接与国家建设联系起来。

美国威斯康星大学是社会服务职能实践的典范，它通过教学和科研为社会做出贡献，并加强了社会与高校之间的联系。这些实践促进了高等教育社会服务职能的确立，并逐渐形成了高校的多元职能，包括人才培养、科学研究、社会服务以及文化传承与创新。这一职能的拓展显示了高等教育的自然进化和对社会需求的响应。作为高等教育系统的关键组成部分，高校承担着不可忽视的社会服务责任。在当前高等教育与经济建设、科技创新密切相关的背景下，高校需要积极参与社会服务，不应仅限于教学和科研。忽视社会服务职能的教育理念已不再适应现代教育的需求。在追求自身发展的同时，高校必须认识到与社会的多层面联系不仅是政治层面的归属，更关乎于在人才培养和科技创新方面与社会的密切合作和共同进步。高校应全面拥抱自身社会服务的角色，通过深入参与社会发展，以达到自身教育使命的更广泛层面，进而推动社会整体的进步与繁荣。

（二）高校社会服务是实现内涵式发展的必经途径

教育质量是反映高校深层次发展状况的关键指标，它体现了高校满足社会发展需求和促进师生个人成长的能力。高校在社会转型和经济发展模式转变中扮演着枢纽角色，是推动教育改革和科技进步的关键力量。因此，高校必须坚持科学发展观，认识到仅仅依赖数量和规模的增长无法满足现代发展的需求，这种做法不仅不利于高校的长期发展，也不利于其质量的持续提高。为此，高校应加强师资队伍、专业学科和科学管理的建设，确保教育质量的核心地位。同时，高校应摒弃仅注重自身扩张而忽视社会服务的做法，鼓励教师和学生积极参与社会建设活动。通过实践社会服务职能，高校可以有效提升自身的社会服务能力和服务质量，从而实现与社会的内涵式共同发展。

通过深化社会服务职能，高校能够更好地回应社会需求，促进教育资源的优化配置和教育质量的全面提升，为社会经济的全面发展做出更大贡献。

（三）高校社会服务是实现社会互动发展的必然选择

高校在推动社会发展中扮演着核心角色，通过提供应用型人才和科技创新，成为社会进步的关键支撑。同时，社会的发展为高校提供了进步的动力和必要的资源支持，这种相互依赖关系表明，高校和社会的发展是相辅相成的。没有社会的全面发展，高校将难以获得稳定和丰富的发展资源，反之亦然。在这种背景下，高校与社会之间的互动不仅是可选择的合作关系，而且是实现共同发展的必然选择。这种合作体现在多个方面：在人才培养上，高校不仅单方面进行教育和培训，更与政府和企业等机构开展双向或多向的合作培养项目，通过实习、实训等方式，直接响应社会和市场的需求；在科研方面，高校的科研活动不仅限于学术探索，还包括与行业和政府合作解决实际科技问题，推动技术创新和应用。

文化建设也是高校社会服务的重要方面，高校在培养学术和科技精英的同时，也致力于文化传承和创新。学校通过建设具有教育意义的校园文化，不仅提升了学生和教职工的文化素养，还通过各种文化活动、讲座、展览等形式，向社会传播了校园文化的精神和价值观。因此，高校必须充分认识到与社会、政府、企业以及其他社会组织的紧密合作对于自身发展的重要性。通过这种广泛的社会互动，高校不仅可以增强自身的服务能力，还能在这一过程中促进自我完善和创新，实现与社会的共同进步。高校应采取主动策略，深化与社会各界的合作，通过这种互动实现资源共享、优势互补，进而推动教育质量和服务水平的持续提升，为社会的全面发展做出更大贡献。

二、高校社会服务职能的价值追求

高校的发展历程总是与社会的经济、政治和文化进步紧密相连，高校必须不断地调整自身以适应社会的变化和需求。因此，高校在提供社会服务时，需要明确自身的价值取向，确保自身提供的服务能够符合当代社会的多样化需求。这意味着高校应发展自身的特色，并与社会各个方面保持同步发展，实现共同进步。为了更好地服务社会，高校应该深化对社会需求的理解和响应，确保教育服务的质量和效果与社会的实际需求紧密相关。具体来说，高校社会服务职能的价值追求可分为以下三个方面（如图 2-1 所示）。

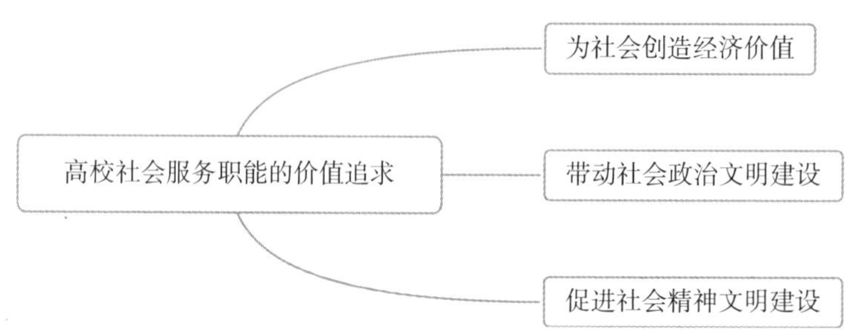

图 2-1　高校社会服务职能的价值追求

（一）为社会创造经济价值

人力资本和科技创新是现代经济增长的主要驱动力，而高校正是这两者的关键孵化地。高等教育机构通过培养高素质的应用型人才，为社会的经济发展和科技进步提供了坚实的基础。高校在服务社会和经济发展中具有多重重要作用。高校的研究团队为社会发展提供了强有力的智力支持，同时，高校与企业之间的合作建立了科技与产业之间的桥梁，促进了产学研模式的发展。此外，高校的科研工作不仅是其基本职能之一，也是推动社会经济建设和社会发展的关键环节。这种良性互动不仅促进了高校自身的发展，也推动了社会的整体进步。[①] 当前，随着经济增长模式从粗放型向集约型的转变，科技创新在这一转变中起到了决定性作用。提升高校在科技服务方面的质量和范围，是确保这种转变成功并保持经济发展质量的关键策略。高校需要更好地理解自身在社会经济结构转型中的作用，通过提供优质的科研和技术服务，支持和加速这一转变过程。

此外，高等教育机构不仅在教育领域发挥着核心作用，还通过提升社会的创新能力和优化市场经济环境，增强了社会的综合竞争力。相比其他本地教育实体，高校拥有更丰富的教育资源，包括先进的教学和科研设施、优越的校园环境，以及一支高素质的教师和科研团队。这些资源得到了政府政策的有力支持，为高校提供了坚实的发展基础。高校利用这些教育资源优势，能够更好地满足社区居民对高等教育和职业技能提升的需求。这不仅有助于发展多层次的教育体系，包括成人教育和专业培训，还能满足不同行业和人群的教育需求。此外，高校通过自身的空间优势，可以为周边社区提供近距离的教育服务，这样不仅降低了社会的教育成本，也提高了高等教育资源的使用效率，增强了教育实力和劳动者的市场竞争力。高校拥有的丰富物力和人力资源不仅提高了社会对其的吸引力，还有助于营造更加健康和活跃的经济环境。高等教育的扩展，尤其是大学城的建立和发展，已成为推动地方经济增长的新动力。这种以高校为核心的经济发展模式不仅推动了当地的经济发展，也促进了周边区域的社会经济快速进步。

（二）推动社会政治文明建设

作为社会发展的关键力量，高等教育机构不仅负责履行教育职能，还应积极承担社会责任。高校需以科学发展观为导向，与政府协作，共同推动和谐社会的建设。在这一过程中，高校应担任多重角色：首先，作为政府的智囊团提供决策支持，为社会发展提出建设性意见和解决方案；其次，

① 盛正发．新建本科院校科研能力建设[M]．长沙：湖南师范大学出版社，2012：180.

作为公民的代表进行政治监督，确保政治过程的民主性；最后，作为思想和文化的传播者，通过教育和宣传活动为构建和谐的地方社会环境提供支持。高校还需要在政府与社会之间发挥桥梁作用，通过进行深入的社会研究和科学评估，准确地反映社会的实际情况。这包括开展实地调研、收集和分析数据，以确保自身的研究成果能够真实地呈现社会现状，为政策制定提供科学依据。高校应清晰定位自身在社会中的角色，深刻理解自身在政治和社会结构中的重要性，并基于这一认识，积极向政府提出政策建议。

高等教育机构在维护社会稳定和推动经济发展方面扮演着独特而重要的角色。研究显示，教育水平对人口出生率有显著影响，通常高教育水平与低生育率成反比关系。这表明，父母的教育程度对其生育行为有直接的影响。此外，拥有高等教育资源的地区通常在经济发展和社会稳定性方面表现得比较好，这不仅有助于提高全民的教育水平，还为实施计划生育政策和促进社会和谐提供了有利条件。在这一背景下，高校需要积极发挥自身作用，对内应通过加强思想政治教育，整体提升师生的政治素质，确保校园的日常秩序，努力营造一个和谐的校园环境，对外应主动参与政治文明的构建，勇于表达对国内外重大事件的立场和观点，并对社会问题提出建设性的批评和解决方案。这不仅能加强高校在社会政治活动中的影响力，还能增强学校与政府之间的协同作用，共同寻求解决各类社会问题的策略。通过这种多维度的参与，高校可以更好地履行社会职能，为社会的长期稳定和经济建设做出重要贡献。

（三）促进社会精神文明建设

随着社会和高等教育的演进，文化传承与创新已成为高等教育的核心职能之一。高校因其在知识保存、传播与创新中的核心角色，自然而然地肩负起了这一重大职责。作为社会文化的枢纽和思想的发源地，高校不仅是知识与文化的中心，也是社会动态的反映者和新思想的孵化器。高校在文化发展中的作用不可小觑，是推动社会文化建设的重要力量。高校通过校风、学风和教育理念，对周边社区和整个地区的文化氛围产生深远的影响。高校不仅培养人才，更通过科学精神和人文传统的传承与发展，为当地乃至国家的物质与精神文明建设贡献力量。此外，高校还通过自身的人才和资源优势，在文化建设中扮演了领路人和示范者的角色。高素质的教师和研究人员不仅在学术领域展示先进思想，也在社会价值观和文化传播上起到模范作用。他们帮助推广科学的世界观和先进的文化理念，影响和提升公众的文化素质。同时，高校自身也是一种独特的文化体现。在长时间的办学过程中，每所学校都逐渐形成了自身独特的文化底蕴。这些文化特色不仅受到所处社会历史环境的影响，还反映了我国社会经济和文化多样性的丰富性。因此，高校不仅在培养未来社会建设者方面发挥着重要作用，其本身也是国家和社会文化多样性的一个重要展示窗口。

在与政府和企业的合作中，高校扮演着重要的信息传递角色，能及时向社会传达政府的发展政策和战略方向，同时反映企业界的发展趋势和市场需求。这使得公众能够获取准确的信息，并保持与时代发展同步。作为高等教育系统的核心组成部分，高校不仅负责传承和弘扬社会文化，还肩负着知识创新、学术发展及道德教育的历史使命，对社会的发展产生深远的文化影响和教化作用。高校在推动社会文化建设的过程中应清晰定位自身的社会地位和扮演的多重角色。高校必须在传统文化的批判性继承和现代知识的创新发展之间找到平衡，以确保在社会文化建设中提供积极和具有建设性的贡献。通过这种方式，高校不仅是学术知识和技能的传授者，更是社会价值观和文化理念的塑造者。高校应主动参与社会文化的各个方面，利用自身独特的资源和能力，提高社会文化的多样性，促进社会文化富有创造力地发展。这包括通过教育活动、公共讲座、文化活动及与地方社区的合作等方式，加强与社会的互动。此外，高校还应发挥自身在地理和知识资源上的优势，成为连接政府、企业与公众的桥梁，从而有助于形成信息流通顺畅、文化繁荣、思想活跃的社会环境。

综上所述，高校在现代社会中的作用不可小觑。通过积极参与社会文化建设并发挥自身在信息传递和文化传承中的作用，高校不仅能够促进自身的发展，更能为社会文化进步和整体发展做出重要贡献。

第二节　高校社会服务的内容与形式

一、高校社会服务的内容

随着社会发展和高等教育改革的深入，高校正面临前所未有的挑战，这也使得其社会服务的范畴得到了显著扩展和丰富。高校的社会服务主要涵盖三个关键领域：人才培养与培训、科技服务以及文化服务（如图 2–2 所示）。

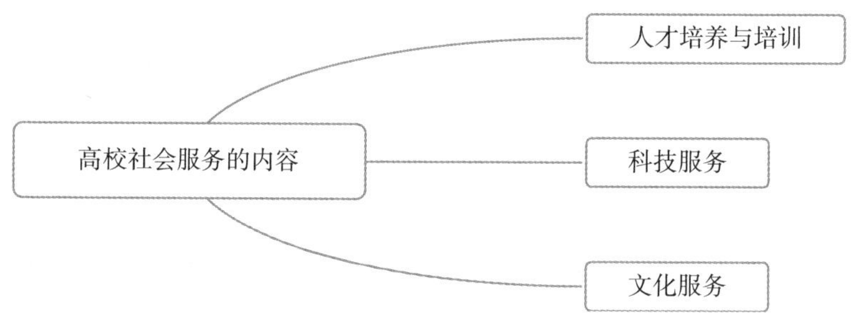

图 2–2　高校社会服务的内容

其中，人才培养和培训是基础，科技服务是推动社会发展的关键驱动力，而科技服务中的信息服务则在整个体系中占据着不可替代的重要位置。此外，文化服务则侧重促进地方文化的保护与发展的功能。在经济全球化加速和国际化教育趋势显著的背景下，高校如何进一步扩展自身社会服务的内容，提升服务能力，已成为亟待解决的问题。这不仅关系到高校自身的发展，更是实现国家科教兴国和人才强国战略的关键。高校需要通过创新教育模式和加强国际合作，有效提升自身在教育、科技创新及文化传播方面的影响力，以更好地支持和推动经济与社会的进步。

（一）人才培养与培训

在高校社会服务体系中，人才培养与培训是最具代表性的功能之一。通过面向社会的教育资源开放、高层次人才的持续输送以及各类培训项目的开展，高校在服务区域发展、推动社会进步方面发挥着重要作用。近年来，随着“服务社会”逐步被纳入高校职能体系，许多高校在人才培养与培训方面积累了丰富的经验和成功案例。

例如，同济大学依托土木工程学科优势，与中建集团建立“招生即就业、毕业即上岗”的定向培养机制。双方于 2021 年签署新一轮战略合作协议，明确“个性化人才培养”与“互动式队伍培育”目标，并与中建八局合作设立职涯规划研习营，吸引土木工程、建筑与城市规划等专业近 50 名学生参与，课程涵盖智慧建造前沿技术与职业发展规划。通过共同开发智慧码头远控操作岗位标准（国内首个智慧化码头标准）、联合培养双师团队，学生直接参与妈湾智慧港改造等企业技术升级项目，实现“课程标准 — 岗位能力 — 产业需求”无缝对接。近五年累计为中建集团输送 2000 余名技术人才，企业技术攻关项目转化率提升 37%，该模式被国家发展改革委列为“深圳经验”向全国推广。

浙江大学依托中国农村发展研究院（CARD），构建“需求链牵引 + 跨学科知识重组”的培训体系。其“乡村振兴学院”针对农村基层干部、农技人员等群体，开发农业科技、产业发展、农村治理等定制化课程，并设立 82 个传统村落研习基地开展实践教学。例如，在浙江宁海县模具产业学院建设中，校企联合开发精密模具制造技术标准 10 项（2 项填补华北空白），为海鸥表业等企业创造产值 3700 万元。同时，“多师同堂”团队（“高校教师 + 地方匠师 + 企业导师”）指导完成酉阳恐虎溪村等 86 个乡村建设项目，开发 35 个数字资源库和 26 门国家一流课程，直接服务 60 余所院校和 8600 个乡村的技术培训。此外，学院在埃及设立鲁班工坊，开发“风光互补发电实训平台”等国际化教学资源，累计培养 6300 余名本土技术人才，助力中资企业技术升级。

（二）科技服务

科技服务在高校社会服务体系中占据核心地位，这些服务基于应用型科学研究和学科专业建设，不仅是高校服务社会的重要方式，也是其创造经济效益的关键渠道。高校的科技服务形式多样，包括技术指导、人才培训和技术转让等，其中技术成果的转让尤为重要。

技术转让通常涉及高校通过独立研究或与企业合作获得的科研成果，这些成果通过技术交易会或按合同规定转化为实际生产力。例如，龙岩学院在第五届福建省项目成果交易会上展示了其在“六月红”芋深加工产品的开发和产业化进程，以及与森宝（龙岩）实业有限公司合作的肉鸡疫病控制研究，这些项目的成功对接展示了科技服务在地方经济社会发展中的实际应用。另外，三明学院和其他高校，如泉州师范学院及厦门理工学院通过成立科技开发公司，进一步推动了科研成果的产业化和市场化。以上案例不仅突出了科技服务在推动地方经济发展中的作用，也显示了高校如何通过科技成果转让加强与社会的联系。高校的科技服务功能强化了其作为社会经济发展中心的地位，通过创新和应用的推广，高校不断促进地方的经济增长和社会进步。

此外，高校还通过科技服务为社会提供了多层次的教育和技术支持，这不仅提高了地方产业的技术水平，还培养了一批具备高技能的专业人才。这种综合性的科技服务体系使得高校成为社会进步和经济发展的重要推动者，发挥了其在现代社会中的独特价值和不可替代的作用。通过这种方式，高校继续扩大其社会服务的范围，增强了与社会的互动和对社会发展的贡献。

信息服务是科技服务的关键部分，涉及信息的收集、处理、传播、交换和应用等多个环节，并在高校社会服务体系中占据重要位置。这种服务根据信息处理的复杂度和系统化程度，可以分为简单信息服务、一般信息服务以及高层次信息服务。三者共同构成了高校在信息服务领域的全面功能，为社会各界提供了宝贵的信息资源，有效支撑了社会的信息化发展需求。

1.简单信息服务

简单信息服务主要涉及基础层面的信息收集和传递，其核心在于信息的转移和共享，而不涉及信息内容的结构或形式的改变。此类服务包括但不限于各领域中基本信息的提供和交换，如科技、工业、农业、文化教育、商业、法律、就业以及医疗卫生等。在这种服务中，信息在不同的接收者、地理位置之间流动，以支持各种基本需求和功能，如帮助企业获取市场动态、支持农民了解农业技术、协助学者访问教育资源，或者为公众提供关键的健康和法律信息。这种信息服务的特点是操作相对简单，主要关注信息的有效传播和接入，而非深层次的处理或分析。简单信息服务对于保证信息的可访问性和及时性至关重要，尤其是在迅速变化的社会环境中，能够确保所有社会成员及时获取所需信息，从而做出知情的决策。这类服务虽然基础，但在维护社会功能和促进日常运作方面发挥着重要作用。

2.一般信息服务

一般信息服务是在收集信息的基础上，对数据进行更为深入的整理和加工，以满足特定服务对象的具体需求。这类服务通常涉及对信息进行组织化和系统化处理，使其更加条理清晰、易于理解和应用。例如，高校可以与地方政府科技局或农业部门合作，针对具体的区域需求，收集并分析科技发展数据或农作物种植信息。在这种服务中，高校可能会被委托收集某一特定区县的科技创新动态或农业发展信息，然后通过整理和分析这些数据，为当地政府提供科学的决策支持，进而帮助指导当地的科技政策制定或农作物的种植与加工策略。例如，通过系统地分析区域内的科技资源分配、研发活动和技术创新趋势，高校可以帮助地方政府优化其科技发展计划，提高科技投入的效益。同样，对于农业信息，高校可以分析作物生长数据、市场需求和加工技术，为当地农业生产提供科学的种植和加工建议。一般信息服务使高校成为地方政府在科技创新和农业发展决策中的智囊团，增强了信息服务的实用性和战略性，深化了高校与社会各部门的合作关系。

3. 高层次信息服务

高层次信息服务是对收集的信息进行深入的系统化处理和理论性分析，不仅改变了信息的组织形态，还进行了质的提升和创新。这类服务通常包括举办高层论坛、学术会议，执行深度调研，进行广告策划及提供决策参考等。这些服务在高校社会服务体系中扮演着极其重要的角色，尤其是在为社会、政府和企事业单位提供科学管理和决策支持方面，具有显著的影响力和实际价值。在这种信息服务中，高校利用自身在社会科学等学科专业方面的优势，深入参与到社会政策的制定、企业战略的规划以及重大社会问题的研究中。通过汇聚专家学者的智力和资源，高校能够提供基于研究和数据分析的建议，帮助政府和企业在复杂问题上做出更加科学的决策。例如，通过举办高层论坛和学术会议，高校不仅可以促进学术交流，还能就特定主题集合多方意见，形成广泛的社会共识；在提供广告策划和市场调研服务时，高校能够根据自身的研究深度和广度，为企业提供市场定位和品牌策略的深刻洞见；通过深度调研服务，高校能够为政府提供关于社会发展趋势、公众需求等方面的详细报告，支持政策的科学制定。

总之，高层次信息服务使高校成为政府和企业决策过程中不可或缺的智库资源。通过这些高级服务，高校不仅加深了与社会各界的联系，也显著提升了自身在社会服务中的价值和效能。

（三）文化服务

高校利用自身丰富的文化资源直接为社会提供文化服务，这一服务主要包括学校设施共享、地方文化研究、城乡社区文化建设、文明校园建设以及文化“三下乡”等多种形式。其中，学校设施共享是一个具有显著潜力的领域。高校可以有偿或无偿开放图书馆、体育设施、文化和医疗设施给周边社区和居民使用，使自身的文化和设施资源服务于城市乃至更广泛地区的公众。这不仅能强化高校作为文化传播者和社会服务提供者的角色，还能加强高校与社区的联系，提升高校在公共服务领域的作用。同时，通过参与地方文化研究和城乡社区文化建设，高校能够促进地方文化的保护与发展，提高文化的可持续性。此外，通过诸如文化“三下乡”等活动，高校还能将文化资源带到边远地区，提升这些区域居民的文化水平和生活质量。

二、高校社会服务的形式

高校在服务社会的过程中展现出多样化的形式并具有广泛的参与渠道，影响着地方社会的多个方面。高校需要根据社会的具体需求积极而客观地开展教育活动，强化服务意识，提高服务效能，确保服务质量。然而，选择何种社会服务内容和形式应基于学校的具体条件和实际能力，这是确定服务方向的重要前提。不同类型的高校，其服务社会的能力和范围各不相同。例如，综合性大学由于学科广泛，其服务社会的领域相对更为广泛；而职业型高校可能更专注于技能培训和行业服务；师范类和农业类高校则在其专业领域内提供更具针对性的服务。因此，每所高校需要根据自己的特色和实力，精准定位自身服务社会的角色和内容，从而更有效地履行自身的社会服务职能，确保所提供服务的质量和效果。

美国的高等教育体系在创立时已紧密结合了社会的需求和发展，因此覆盖了多个教育层次，各类院校针对不同地区的发展状况提供了多样化和多层次的服务，特别是州立大学在服务地方经济和社会方面采取了多种有效的方法。例如，州立大学在获得州政府的财政和法律支持的基础上，通常会与州政府合作商讨招生计划和学生培养方案，同时开展社会和职业培训项目。这种合作不仅是财政上的支持，更体现在教育政策和发展策略的共同制定上。此外，州立大学还会进行广泛的地方经济和社会发展调研，并根据地方的实际需求及时调整自身的教育和研究重点，从而更有效地响应地方发展的快速变化，精准培养所需人才。在文化服务方面州立大学同样做出了显著贡献，特别是在体育文化建设上。以宾夕法尼亚州立大学为例，其橄榄球队不仅是校园文化的一部分，还成为地区文化的标志，吸引了众多体育爱好者的关注，极大地丰富了当地的体育文化生活，同时提升了地区的社会活力和公众的集体荣誉感。这种综合性的服务形式使得州立大学成为支持地方经济和文化发展的关键机构，显示了美国高等教育在适应和推动社会进步方面的广泛影响。

在美国，社区学院、技术学院和初级学院主要聚焦于为社区提供服务，包括工人培训、技术教育、专业人员的继续教育、咨询等方面。州立大学和研究型大学则扩展了自身的服务范围，涵盖了技术开发与转移、企业孵化、与企业的合作研究、专业人员的进修和发展、社区服务以及技术指导与咨询等领域。与此同时，为了在社会服务方面实现更广泛的国际影响，英国还积极推动海外办学，并经历了初始阶段、新大学拓展阶段和快速全面竞争阶段。在这一过程中，英国采取了多种办学模式，不仅帮助英国高校从海外办学中积累了丰富的经验，也使得其社会服务跨越国界，扩展到国际舞台。日本的高校则以科技实力为基础，提供了包括人才培养和科技转化在内的社会服务。法人化改革之后，日本高校进一步明确了教育和研究的结构，成立了专门面向本科生的学部和面向研究生的大学院研究科，同时创立了从事科研创新及成果转化的附属研究机构。这些结构的优化确保了教育和研究的质量，使得日本高校在社会服务的各个领域能够提供有针对性和层次分明的服务。不同国家的高校系统展示了各自在社会服务方面的独特策略和实践，从社区级服务到国际化办学，每种模式都旨在通过教育和科研活动对社会做出贡献，同时提高其全球影响力和竞争力。

随着我国高等教育的进步和变革，高校在社会服务方面的职能和手段也在不断丰富和扩展。高校首先依据本地区的主导产业和新兴产业的需求，进行有针对性的学科建设和人才培养。这种做法不仅能根据地方的实际需求调整教育资源，还为地区的产业升级和经济结构优化提供了必要的智力支持，并促进了产学研之间的互动发展。此外，高校通过培养和输送高素质的毕业生，有效提升了社区居民的教育水平和综合素质，对构建和谐社会具有积极的推动作用。同时，高校将科研成果转化应用于实际生产活动中，增强了地区的科技创新能力和整体生产力。这种模式逐步构建了高校的智力资源与地区科技发展紧密结合的生态，同时支持了社会企业的创新和创业活动。

高校的社会服务模式可以广泛地分为单一领域服务、多领域服务和全方位服务三种类型。[①]根据高校的特点和资源配置，每种模式都具有自身独特的服务方式和效果。单一领域服务模式通常由专注于特定学科的院校采用，如师范院校或农林院校，这些学校将服务集中在其专业领域内。这种服务模式使得高校能够深入挖掘领域内的潜力，确保服务的深度和质量。多领域服务模式则常见于综合性大学，这类学校需要广泛了解和满足地区的经济和社会发展需求。这种模式要求高校具备处理多领域需求的能力，涉及更广泛的学科和专业，也需要高校在服务过程中明确重点，形成特色和品牌，以应对更复杂的管理和协调任务。全方位服务模式要求高校参与到社会的各个领域中，为社会提供全面的服务。这种模式下的高校不仅要涵盖广泛的领域，还需要保持服务的高效性和高质量。为此，高校必须具备全局的视野和发展观，合理平衡各方利益，确保在实现服务目标的同时，维护和提升服务质量。例如，美国的一些高校已形成了与地方经济互动密切的多种服务模式，包括教师式和顾问式的主导模式、产学研结合模式以及与地方经济共生的模式。这些模式有效地促进了地方的经济和文化建设。在中国，三峡大学采用产学研结合的模式，与政府共建平台，推动资源共享和合作办学，同时通过与企业的深度合作，提高了科研和人才培养的实用性和应用性，有效地服务于地方经济发展。这些服务模式展示了高校如何根据自身条件和社会需求，选择合适的路径进行社会服务，同时体现了高校在社会发展中的重要作用和贡献。

总之，高校社会服务的职能展现出多样化的内容和形态，这是为了更好地适应快速变化的社会需求。根据研究，一些高校已经建立了多种服务中心，如人才培养培训中心、应用型科技成果研发中心、哲学社会科学研究中心以及地方咨询决策中心等。这些中心不仅支持了教育的多元化发展，也促进了科学研究与技术创新的应用，满足了地方社会和经济发展的特定需求。此外，许多高校正在扩展自身社会服务的范围和深度，以更全面地

① 徐同文．区域大学的使命[M]．北京：教育科学出版社，2004：206.

服务于社区和地区。这包括培养与社会需求相匹配的高素质应用型人才，加强科研活动以回应社会的实际需求，并致力于将高校打造成为地区内的关键人才培训基地、信息咨询服务中心、区域资源中心以及区域文化中心等。随着国家和社会经济的快速发展，社会对多元化的应用型人才和科研成果的需求显著增强。因此，高校需要遵循高等教育的发展规律，紧跟地方化教育的趋势，积极构建一支多层次、综合素质高的办学和社会服务团队。同时，高校必须充分认识到社会服务能力的重要性，这对于高校更好地履行社会服务职能具有至关重要的影响。通过积极丰富和扩展社会服务的形式和内容，高校不仅能够更紧密地与社会结合，还能推动双方的互动和可持续发展。这种努力无疑将为高校带来更广阔的发展前景，同时为社会的进步做出重大贡献。

第三节　高校社会服务的特点

高校社会服务在其发展过程中呈现出独有的特点，具体来说，主要有以下几个特点（如图 2–3 所示）。

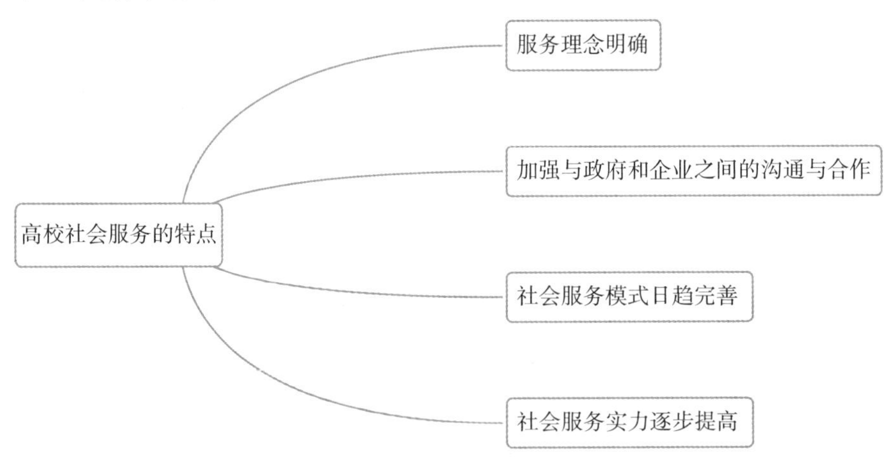

图 2–3　高校社会服务的特点

一、服务理念明确

在全球高等教育普及化的背景下，很多高校的发展模式和教育理念变得越来越相似，导致从招生政策、学校规模到专业设置和课程体系的同质化现象日益严重。这种趋同性逐渐削弱了各高校的独特性，并且在强调经济效益的趋势推动下，一些学校在积极从事社会服务的动力和能力上也表现出了退缩。以美国为例，美国的州立大学在这种环境下依旧坚持以服务本州的发展为核心宗旨。美国州立大学的所有教育活动从招生到就业安排、从专业发展到课程设计以及科研教学都紧密围绕着满足本州当前及未来的发展需求。这种教育模式确保了学校活动与本州的经济社会需求高度一致，支持了本州的持续发展和繁荣。学校的决策者、教职员工以及学生群体均具有同一种使命感，即通过他们的努力为本州的稳定和成长贡献力量。此外，这种以州为中心的服务导向不仅帮助州立大学保持了其教育活动的相关性和实用性，而且强化了学校与地方政府之间的合作关系。从州议会到州政府，再到学校本身，每一个层级都在这一共同目标下工作，确保教育投入能直接转化为地区经济和社会发展的实际成果。这种模式为其他高校提供了一个值得参考的范例，特别是在如何保持教育活动与地方需求同步发展的策略上。

作为美国最大的高等教育机构之一，宾夕法尼亚州立大学始终坚持明确的教育定位和独特的发展策略。该校在专业建设和科学研究方面没有单纯追求快速发展和大规模扩张，而是重视其职能能否满足宾夕法尼亚州的具体发展需求。学校的领导层积极加入州内经济团体，深入了解并参与到州的经济发展中。这种参与不仅限于提供咨询和策略建议，还包括与地方经济组织的实际合作，如在经济政策制定和真实经济活动中发挥作用。此外，宾夕法尼亚州立大学还致力于建立和管理各种产业咨询委员会、专业协会和团体，进一步加强了学校与地方社会的联系。通过这种策略，宾夕法尼亚州立大学不仅表明了自身作为高等教育机构的社会责任感，也展示了其如何根据本州的经济社会特征和学校的资源条件来确定办学规模和人才培养目标。这种做法有效提升了学校的社会服务能力，使其能够为本地区的经济建设和社会发展做出实质性贡献。因此，高校的发展不仅要遵循高等教育的基本规律和职能，还应主动融入地方发展，明确自身的教育理念和发展特色，以促进与地方社会的共同进步。

我国高校在高等教育体系中的角色愈发重要，其服务覆盖社会的多个领域，因而其办学理念也应与社会需求紧密相连。当前，许多高校办学的首要方向是积极响应社会经济的需求，与社会经济的结构调整及产业升级保持同步。在这个大背景下，高校的首要任务是培养人才，这要求学校在确定人才培养的规模、类型及层次时，充分考虑到社会经济发展的实际需求。值得注意的是，我国的多数高校，特别是新设立的本科及职业技术学院，已经逐渐明确了自身的办学目标，主要致力于培养高级应用型人才，推动高新技术的研发与应用，并努力提高自身科研成果在市场上的占有率，从而有效地支持地方经济和社会发展。此外，高校也在积极探索和弘扬自身的特色，逐步形成以特色为基础，以特色为突破，以服务为导向的发展模式。这种以社会需求为导向的办学模式，确保了高校教育与地方发展需求的高度一致，促进了教育资源的优化配置和有效利用。

二、加强与政府和企业之间的沟通与合作

在美国的政治体系中，州立大学的发展受到了联邦政府和各自州政府的共同影响。虽然根据美国宪法，联邦政府直接介入州立大学的事务相对较少，但它的影响力仍然深远。从 19 世纪起，联邦政府通过颁布赠地学院法案等措施，对州立大学的成立和发展提供了关键支持。这种支持帮助培育了许多杰出的州立大学，如宾夕法尼亚州立大学、华盛顿州立大学、亚利桑那州立大学等。联邦政府对州立大学的支持不仅限于公立学校，还包括私立学校，其支持手段不断创新和扩展，特别是在科学研究领域的资助。例如，二战期间，美国采用了所谓的“合同制联邦主义”策略，即联邦政府并未单独设立研究机构，而是通过签订研究合同，采用竞争性分配的方式，将科研任务和资金分配给具有研究能力的大学。这一策略有效地将州

立大学纳入国家科研体系，使其成为重要的科研基地。这种模式不仅为州立大学提供了稳定的资金支持，还极大地促进了它们在科研和教育质量上的持续自我完善和发展。这表明联邦政府和州政府的支持对于州立大学的成长与优化至关重要，共同推动了美国高等教育的全面发展和国际竞争力的提升。

在德国，应用型科技大学已成为推动地区经济社会发展的关键力量。这些大学的资金主要来自联邦政府和州政府，其中联邦政府提供约 40% 的经费，而州政府贡献了大约 60%。此外，还有一小部分资金来自企业和基金会。这种资金结构不仅显示了地方政府及当地企业对这些教育机构的依赖，也强调了高校与这些教育机构之间必须紧密合作。德国应用型科技大学尤其重视与地方政府和企业的合作，这种合作关系通常涉及共同研发和科研成果利用等方面。在人才培养方面，这些大学致力于提供实用性强的教育，专注于培养学生在工程、技术和管理等领域的实际操作能力和科学方法应用能力。这种教育模式非常适合满足当地经济和社会的需求，使得学生可以将理论知识与实践紧密结合，增强其解决实际问题的能力。

我国高校社会服务的政校行企合作模式，本质上是对“三螺旋理论”的适应性改造——通过政府（政策引导）、高校（知识生产）、企业（需求传导）的螺旋式互动，构建“目标共定、资源共享、过程共管、成果共评”的协同生态。《国家产教融合建设试点实施方案》等政策文件进一步明确“多元参与”原则，推动理论落地转化为“政校行企”“四位一体”的合作框架。例如，深圳职业技术大学与招商局港口集团共建的“海丝分院”，正是在政府产教融合政策支持下，形成“政府出台智慧港口岗位标准—高校开发定制化课程—企业提供实践场景”的闭环，体现了政策引导下的资源整合效率。

与国外高校社会服务相比，我国政校行企合作呈现三大创新：①制度性对接机制。依托“双高计划”“产教融合型企业认定”等政策，建立高校社会服务的标准化接口。例如，天津轻工职院通过“行业产教融合共同体”，整合三峡集团、南开大学等资源，实现专业设置与新能源产业链的精准对接，获批 6 个天津市产教融合专业。②区域性服务网络。形成“高校 + 地

方政府 + 龙头企业”的区域服务矩阵。浙江工商职业技术学院与宁海县政府、模具行业协会共建模具产业学院，开发的精密模具制造技术标准填补华北空白，近三年输送 1841 名毕业生留本地就业，专业对口率超 80%。③成果共享的评价体系。在高校社会服务评价中，既保留“科研成果转化”等通用指标，更创新“1+X 证书培训覆盖度”“企业技术攻关项目数”等产教融合专属指标。例如，重庆交通大学将“乡村建设项目落地率”纳入教师考核，推动 86 个传统村落改造项目直接服务地方文旅产业。

三、社会服务模式日趋完善

高校在不断提升自身服务社会的能力过程中，积累了一系列有价值的经验，特别是在人才培养的核心职能方面，创新已成为其发展的关键。高校通过深入研究社会对人才的具体需求和科学预测社会发展趋势，能够在保证教育质量的同时，利用自身的特色和优势来加强特色专业的建设，从而更好地满足市场对紧缺人才的需求。在实践中，许多高校已经开始采取与地方政府和企业主动合作的模式，通过创新教育方法和定向培养策略来培养所需人才。此外，高校根据自身的专业建设特点，接受企业的委托进行人才的共同培养，这种协同培养模式不仅增强了教育的实用性，也提高了专业技术人才的培养效率。同时，高校还为自己的学生及社会工作者提供了岗前培训和持续的职业教育，以使其适应不断变化的工作需求和促进个人职业生涯的长期发展。这些教育创新措施不仅提升了学校的教育服务质量，也使高校能够更有效地响应社会发展的需求，增强了其服务社会的整体能力。这种以市场需求为导向的人才培养策略，使高校在服务社会的过程中能够不断地创新和完善服务模式，显著提高了人才培养的质量和效果，更好地满足了社会的专业人才需求。

在当代的高等教育领域，高校正在逐步发展出一种以合作为核心的科研服务模式，其中产学研协同合作已成为推动地方经济和社会发展的重要机制。这种合作模式允许高校与政府及企业界紧密合作，共同开展科研项目，充分利用各方优势，共同服务于地方发展。第一，通过与政府和企业的合作，高校可以获得必要的资金支持，这不仅为学校提供了稳定的经济保障，还使其能够专注于利用高等教育资源进行科研和教学活动。这种资金支持极大地减轻了学校的财务压力，使其能够更好地集中精力进行科学研究和教学创新。第二，企业通过与高校合作，可以直接参与到科研课题的提出和实施过程中。这不仅能够帮助企业及时解决生产中遇到的技术难题，提升企业的市场竞争力，也促进了科研成果的快速转化，增加了科研投入的实际回报。第三，高校还可以通过创办研发实体的方式，与企业共同投资建立股份制公司，这种校企共建的市场化实体不仅为高等教育资源的优化配置提供了新途径，也使得教学和科研活动能够更有效地结合实际应用，增强了教育和科研工作的社会服务功能。这种校企政府三方合作的模式，不仅加深了高校与外部实体的合作关系，也使得高校在服务地方经济社会发展的过程中发挥了更大的作用，有效地将科研成果转化为地方发展的动力。这一模式的成功实施，标志着高等教育服务社会的能力显著提升，为地方经济的创新和成长提供了强有力的支撑。

福建农林大学的社会服务模式就是一个典型的成功案例。该校专注于满足福建省的发展需求，并积极利用各种机会扩大自身的服务范围。例如，该校利用海西建设的机遇，扩展了服务领域；同时，与其他省份的农业大学进行合作，以促进经验交流和学习，增强其在同行中的竞争力和实力。具体来看，福建农林大学通过参与“中国·海峡项目成果交易会”，有效推动了科技成果和项目的对接，连续十年在所有参与该交易会的高校和科研机构中，获得资助项目数名列第一。此外，该校还积极承担国家的对口支援任务和国际技术援助工作，与广西、宁夏、新疆和西藏等自治区建立了合作关系，并在巴布亚新几内亚、南非、卢旺达、莱索托等国家建立了技术示范基地，为这些地区和国家的经济社会发展做出了显著贡献。这些技术合作项目不仅帮助福建农林大学在国内外树立了良好的形象，吸引了更多的合作伙伴和投资者，也为学校创造了优良的发展环境，使得学校能够从其他院校和领域汲取丰富的社会服务经验，从而全面提升自身的服务能力。通过这些举措，福建农林大学不仅增强了自身的社会服务功能，还在提升本地区以及全球合作伙伴的经济和社会福祉方面发挥了重要作用，体现了高等教育机构在地方和国际发展中的重要角色。

四、社会服务实力逐步提高

在过去的 20 年中，我国高校得到快速发展，学校数量和在校生人数均有了大幅提升，这为高校更深入地参与社会建设提供了充足的人力和物力资源。随着社会需求的多样化，高校的社会服务也呈现出丰富的内容和多样的形式，推动了其在硬实力方面的外延式增长。当前，高校在社会服务中的作用已经远远超越了经济领域，涉及政治、教育文化等多个领域，特别是在产学研合作方面，高校通过与政府和企业的紧密合作，不断优化合作模式和内容，极大地拓展了合作的深度和广度。这不仅促进了地方的经济增长，还极大地丰富了当地居民的文化生活，显著提升了高校的社会服务能力，使其成为推动地方社会发展的重要力量。

高校在推动经济和文化发展方面发挥着核心作用。在经济领域，高校培养的人才及其研发的科技成果构成了国家的重要资产。根据新增长理论，一个国家的经济增长主要由知识积累、技术进步和人力资本质量决定。拥有高水平的知识、技术和人力资本的国家通常享有更高的经济增长率和收入水平。作为强大的智囊团，高校的师资和学生群体为社会经济提供了不竭的动力和创新血液，通过优化这些资源的利用，可以有效促进社会的整体进步和经济增长，同时增强国家的综合竞争力。在文化层面，高校致力于培养高素质的人才，不仅传承并创新文化，还致力于丰富文化内涵和加强科学文化的建设。此外，高校还与地方的文化机构和相关组织合作，有效地推广本地特色文化，从而营造出积极向上的文化氛围。这种跨界合作不仅有助于文化的保存和发展，也使高校成为地方文化创新和推广的重要力量。通过这些活动，高校不仅提升了自身的文化影响力，也为社区乃至社会带来了深远的文化影响。

进入 21 世纪，我国高等教育规模迅速扩张，并取得了显著的进步。如今，高等教育已经开始进入质量提升的阶段，这为高校提供了良好的发展机遇，也使其社会服务能力得到了显著提升。同时，早期扩张过程中的一些盲目、短视和功利性的问题也逐渐显现出来。为了实现可持续发展，高校亟须对过去的发展模式进行深入反思，及时调整发展战略，积极且准确地分析社会服务能力提升过程中存在的瓶颈，明确未来高质量发展的方向和路径。提升社会服务能力是高校更好地满足社会经济发展需求的关键，这不仅是高等教育职能发展的必然趋势，也是高校服务功能的具体体现。面对新的历史挑战，高校应充分认识自身存在的不足，努力从外延式发展向内涵式发展转变。这不仅意味着要扩大服务的规模，更重要的是提高服务的质量。通过这种转变，高校可以更好地适应和满足社会需求，同时在教育和科研领域实现更高水平的发展。只有这样，高校才能在未来的发展中继续发挥重要作用，实现社会服务量与质的双重提升。

随着社会的不断进步，高等教育的职能也在不断扩展，高校在社会服务中的作用变得愈发重要。充分发挥高校的社会服务功能，对于提升其综合实力具有重要意义。同时，经济社会的发展愈加依赖高校作为关键力量源。因此，高校在社会服务能力提升中需要充分发挥自身优势，以便更好地参与社会建设和互动，同时也在为社会进步做贡献的过程中寻找机遇，促进自身的发展壮大。

第三章　国内外高校社会服务发展研究

第一节　国内高校社会服务研究

社会服务是高校实现自身价值的重要途径之一。我国高校进行了积极的探索和尝试，逐渐形成了各自独特的服务模式和特色。本节将从发展历程、主要特点等方面入手，详细探讨我国高校社会服务的整体情况。

一、国内高校社会服务的发展历程

我国高校社会服务的发展大致经历了三个主要阶段：萌芽阶段、发展阶段和成熟阶段（如图 3–1 所示）。

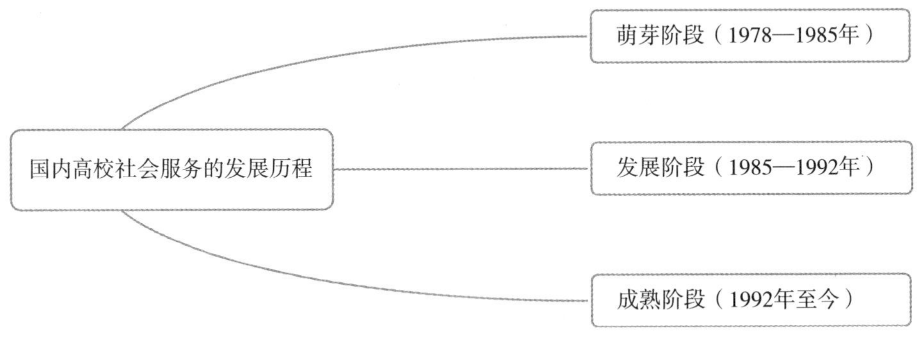

图 3–1　国内高校社会服务的发展历程

（一）萌芽阶段（1978—1985 年）

自 1978 年我国改革开放以来，高校的社会服务工作开始恢复并得到逐步发展。在这一阶段，社会服务职能逐渐成为高校的重要任务，主要体现在以下几个方面。

第一，国家开始强调高校在社会服务中的角色。当时的中国百废待兴，各行各业急需大量人才，高校被赋予了培养适应社会经济发展需求的人才这一重要使命，高校的社会服务职能得到了前所未有的重视。

第二，为了更好地服务社会经济发展，高校根据社会经济结构的调整，对学科结构进行了相应的优化。高校充分认识和利用自身的优势和特点，积极发展应用型学科，加强与企业和社会的联系与合作，为社会服务创造了良好的发展环境。

第三，高校努力提高科学研究的水平和能力。高校通过改革原有体制中不适应社会发展的部分，逐步改变了旧有的教育体制，明确了科技服务的方向和道路。

这一阶段的高校社会服务初步确立了以经济建设为中心的办学方向，在一定程度上满足了社会发展的需要。同时，也存在一些问题：其一，高校社会服务的意识还不够强烈，对社会服务职能的理解较为模糊，自主服务意识较为欠缺；其二，服务的方式主要是间接的，服务内容和形式并没有太大的突破，仍处于起步阶段。

总的来说，1978—1985 年，高校社会服务在恢复和初步发展的过程中取得了一些成绩，但也暴露出了不少问题。通过这一时期的探索和实践，高校在社会服务方面积累了一定的经验，为后续的发展奠定了基础。要想真正实现高校社会服务的深入和全面发展，还需要进一步明确服务职能，增强服务意识，拓展服务内容和形式，逐步从萌芽阶段走向更高级的发展阶段。

（二）发展阶段（1985—1992 年）

1985 年，《中共中央关于教育体制改革的决定》的颁布标志着我国进入了社会主义教育事业新的发展阶段。在教育体制和经济体制改革的推动下，高校的社会服务工作呈现出新的发展态势：首先，高校加强了人才培养方面的服务。通过招收自费生和联合办学等途径，高校扩大了招生规模。同时，高校还开设各种学习班和培训班，充分发掘和培养各类人才，以更好地满足社会需求。其次，高校根据社会经济发展的需求，调整了学科结构。高校积极适应社会经济发展的需要，大力发展应用型学科，加强与社会的紧密联系，为社会服务打下了坚实的基础。这一调整不仅提升了高校的教育水平，也增强了其服务社会的能力。最后，高校切实提升了科技服务能力和水平。通过科技体制改革，明确了科技发展的方向和路径，从而加强了高校与社会之间的联系，为社会服务创造了良好的条件。1985—1992 年，高校的科技服务质量得到了显著提升，服务形式也取得了突破，特别是产学研联合体的发展为经济繁荣做出了重要贡献。在这一阶段，高校的社会服务意识逐步增强，职能逐步明确；社会服务的形式日益多样，内容日益丰富。高校利用自身优势，开展了多种形式的社会服务工作，不仅提高了自身的教学和科研水平，也有效地实现了服务社会的目标。

总的来说，1985—1992 年，高校在社会服务方面取得了显著进展。通过调整学科结构、扩大招生规模、提升科技服务能力等措施，高校不仅更好地适应了社会发展的需要，也为自身的发展提供了新的动力。这一时期的努力和成就，为高校社会服务的进一步发展奠定了坚实的基础，并为经济社会的全面进步做出了重要贡献。

（三）成熟阶段（1992 年至今）

自 1992 年南方谈话和党的十四大成功召开以来，我国加快推进现代化进程，特别是在高等教育领域，国家进入了新的发展阶段。在此期间，中国初步建立了一个与社会主义现代化建设需求相匹配的高等教育体系，同时，大规模推动了研究生教育及高职高专教育的发展。

在科学研究和技术创新方面，中国高等教育机构的表现尤为突出。这一时期，中国高校的科研能力得到了显著提升，孕育并推动了一系列具有广泛应用前景的科技成果转化。这些成果不仅在多个科技领域填补了国内外的空白，而且极大地促进了高校及整个社会的经济发展。具体来看，高校在“十五”计划期间承担的科研项目数量达到了惊人的 61.9 万余项，通过这些项目累计获得了超过 1300 亿元人民币的科技活动资金。科研资金的年均增长率高达 18.5%，这一数字充分显示了该时期科研活动的活跃度和高效性。在获得的各类奖项中，国家自然科学奖、国家科学技术进步奖和国家技术发明奖的获奖数量分别为 75 项、433 项和 64 项，分别占全国总获奖数的 55.1%、53.6% 和 64.4%。这些数据不仅显示了高校在科研领域的重要地位，而且凸显了其在推动高新技术和原始创新方面的卓越成就，标志着中国在全球科技竞争中的地位不断提升。高校的这些成就不仅提升了学术水平，更为国家的经济发展和社会进步贡献了重要力量。

通过这一时期的努力，中国高等教育及其科研体系逐步成熟和完善，为国家的现代化建设提供了坚实的知识和技术支持，同时为未来的发展打下了牢固的基础。这一阶段的经验表明，科技创新与教育的深度融合是推动社会进步和经济发展的关键驱动力。

二、国内高校社会服务的主要特点

通过了解我国高校社会服务在各个时期的发展概况，可以总结出当前我国高校社会服务的主要特点如下（如图 3–2 所示）。

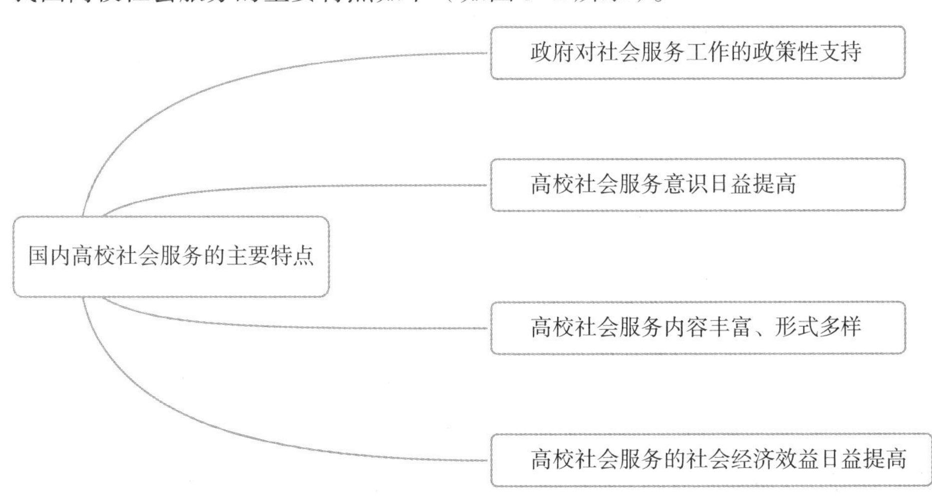

图 3–2　国内高校社会服务的主要特点

（一）政府对社会服务工作的政策性支持

自改革开放以来，中国高等教育机构不仅在人才培养领域发挥着基本且关键的作用，还在科学研究和社会服务方面展示出日益增强的重要性，特别是自1992年南方谈话和党的十四大召开后，中国的教育政策经历了一系列重大变革，显著推动了高等教育体系的发展和创新。国家对高等教育社会服务职能的支持主要通过一系列教育政策法规来体现。这些政策旨在解决教育发展与市场经济发展之间的不适应问题，突出了教育的战略地位，并指导高等教育朝规范化和成熟化的方向发展。具体政策包括1993年颁布的《中国教育改革和发展纲要》，这是一项旨在全面推动教育现代化的基本政策；1995年颁布的《关于深化高等教育体制改革的若干意见》，该政策进一步明确了高等教育改革的方向和目标；1996年颁布的《国家教育委员会关于加强高等学校为经济社会发展服务的意见》，提出了高校服务社会的具体措施；1998年颁布的《面向21世纪教育振兴行动计划》，强调了教育对国家长远发展的支撑作用；2008年颁布的《关于推动产业技术创新战略联盟构建的指导意见》，这一政策推动了产学研合作；2015年颁布的《国务院办公厅关于深化高等学校创新创业教育改革的实施意见》，旨在加强高等教育机构在创新创业方面的作用。地方政府也积极响应国家政策，通过出台具体措施支持当地高校的发展。这些措施包括但不限于调整和优化专业设置，提供科研立项机会、经费支持等，以此促进高校在区域经济社会发展中发挥更大作用。这些政策的实施极大地推动了中国高等教育的改革和发展，使得高校在服务社会方面的职能得到了显著增强。高校现在不仅是人才培养的摇篮，更是科技创新和社会服务的重要基地，为国家的现代化建设和社会发展贡献着不可或缺的力量。此外，这一系列政策也强化了高等教育的战略地位，促进了教育与市场需求之间的紧密结合，为中国经济的快速发展提供了坚实的知识和技术支持。

除了制定具体政策外，政府还通过加强沟通和促进交流等方式支持高校在社会服务方面的工作。许多地方政府针对本区域的发展需求，采用了多样化的手段来增强高校与企业、科研机构之间的联系与合作，为高校的社会服务活动创造了良好的外部环境。在社会主义市场经济不断发展的背景下，地方政府对高校的社会服务支持显得更加关键。这种支持不仅体现在直接的财政投入和政策制定上，更体现在通过搭建平台、组织交流活动等形式，促进高校与地方经济社会的深度融合上。为了更好地发挥高校在地方发展中的作用，各高校也需要主动与地方政府建立紧密的合作关系，寻求政府的支持与帮助。这种合作不仅能够帮助高校更好地服务社会，还能增强高校在社会服务领域的影响力和实践能力。因此，高校应当利用好政府提供的各种资源和平台，积极参与到地方的社会经济活动中，通过实际行动加强与地方企业和科研机构的合作，共同推动区域经济社会的进步与发展。这种互动和合作将有助于高校与地方政府、企业之间形成良性互动关系，共同促进社会服务功能的提升。

（二）高校社会服务意识日益提高

我国高等教育机构对社会服务的重视程度显著提升，许多高校已经开始将社会服务作为核心职能之一，纳入学校的战略规划并积极执行。这表明高校在培养人才和开展科研工作之外，正在逐渐加深对社会服务责任的认识和实践。在高等教育界，将社会服务视为学校重要职责的观念已被广泛接受。国家教育科学“十五”规划项目中的一项研究，选取了 20 所地方性本科院校，涉及 2400 名包括教师和行政人员在内的调查对象，来评估他们对高校社会服务的看法。调查结果显示，大多数人（70.42%）认为地方高校的社会服务活动有助于其教学和研究工作，而认为这会对教学和研究产生不利影响的仅占 13.75%。有 14.58% 的受访者认为目前学校不适合开展社会服务活动，而无法确定的比例为 11.25%。这些数据表明，尽管还有部分高校工作者持保留意见，但绝大多数人支持并认同高校在社会服务方面应扮演的角色。随着这种观念的进一步深化和普及，可以预见，未来高校将在社会服务领域发挥更大的作用，既能促进学校教育教学质量的提升，也能加强高校与社会的互动和联系。显然，随着对高校社会服务意识的不断加强，未来高等教育机构将更多地参与到社会发展中，成为推动社会进步的重要力量。这不仅是对高校功能的一种扩展，也是对其社会责任的一种充实和完善。

近年来，中国高校的社会服务意识显著提升，这一变化主要受到三个重要因素的影响。一是社会主义市场经济体制和高等教育体制的持续改革为高校提供了更广阔的发展空间，促使其在社会服务方面发挥更大作用。二是随着知识经济的深入发展，社会对高等教育机构提供的人才和智力资源的需求日益增强。三是全球高等教育与地区社会发展的联系日益密切，这为中国高等教育指明了未来的发展方向。基于这些背景，众多高校开始将社会服务纳入学校的整体战略规划。例如，云南省的大理学院根据云南的社会经济发展实际，确立了特色鲜明的办学定位。大理学院致力于成为省内领先、国内知名的综合性本科院校，并且成为培养高层次人才、进行科学研究和成果转化、开展社会服务的重要基地。该校的发展目标是立足大理，服务大理，同时面向全国乃至东南亚地区。广东省江门市的五邑大学则采取了“面向地方、服务社会”的办学方针。五邑大学以自身为中心，构建了一个能够覆盖整个江门市的社会服务体系，从而为江门市的全方位发展提供支持。扬州大学的办学理念则强调把握时代的发展脉搏，并实现三个“接轨”。首先，扬州大学的人才培养目标与社会市场经济的发展需求接轨，即随着市场经济结构的变化，促进教育、科研与市场的三重结合，使学校成为科技创新的推进器。其次，办学规模与社会需求接轨，即构建一个以传统学科专业为基础，新型应用型学科专业为主干，与江苏省产业结构紧密联系的学科专业体系。最后，产学研结合，专业结构与产业结构接轨，将基础教育与应用、科研与推广转化紧密结合，积极融入区域经济发展，使学校成为一个强大的社会服务辐射源。这些例子充分展示了中国高校如何通过将社会服务纳入战略规划，以及通过与地方政府和产业界的紧密合作，积极响应市场需求和应对社会发展挑战。高校的这种转变不仅提升了其教育质量和研究水平，更加深了其在推动地区社会经济发展中的作用，展现了高等教育机构在新时代的社会责任和价值。

（三）高校社会服务内容丰富、形式多样

自从改革开放政策实施以来，中国的高等教育机构在不断强化自身的社会服务职能，逐渐建立起了一个内容丰富且形式多样的社会服务体系。高校不仅致力于学术研究和人才培养，也积极响应社会需求，通过各种服务活动与社会紧密互动。这些服务包括但不限于科技研发、成果转化、专业咨询、继续教育和社区服务等。随着时间的推移，高校的社会服务功能已经成为其核心职能之一，极大地促进了社会经济的发展和科技进步。这种服务体系的形成，不仅增强了高校对外的影响力，还提升了其在全社会的地位和作用。此外，通过这些服务活动，高校能够更好地将理论知识应用于实践，增强学生的实战经验，同时为地方和国家的发展做出重要贡献。

1.突出人才培养的中心地位

在当前的高等教育领域，高校的核心任务之一是培养能够适应社会发展需求的专业人才。这不仅是社会对高等院校的基本要求，也是推动社会进步的重要途径。因此，各高校应当把人才培养放在重要位置，围绕地方经济和社会需求来调整和优化课程体系和专业设置。例如，临沂大学针对沂蒙地区对多样化人才的需求，根据临沂市的社会和经济发展需求，大幅度调整和增设了商贸物流、生物技术、中药、化工等应用型学科。这些变化有效地缓解了当地对应用型人才的紧迫需求。例如，北京石油化工学院与北京燕山石化公司的合作，北京信息科技大学与中兴通讯合作培养网络通信工程师，以及北京物资学院与中都物流有限公司合作培养物流经理等，都强化了学校与企业的联系，受到了企业界的广泛欢迎。这种以市场需求为导向的教育模式，不仅使课程内容更加贴近实际，还促进了学生就业能力和专业技能的提升。通过这样的合作教育模式，学校能够更有效地服务社会，同时为学生提供更多与行业接轨的机会，这对于学生的职业发展及其未来的社会贡献也是非常有益的。

综上所述，高校在进行课程设置和专业发展时，需要紧密关注地方经济和社会的实际需求，通过与企业和行业的深入合作，培养出更多具备实

际操作能力和创新精神的专业人才。这样的教育方向不仅能够满足社会的需求，也能够促进学生个人能力的全面发展。

2. 日渐重视高校的信息服务

随着时代的发展，高校的信息服务职能越来越受到重视。这一职能涵盖了信息的搜集、整理、传播、交流和应用等多个方面，对于推动高校社会服务工作的发展具有重要作用。通过文化教育、就业、科技开发、卫生及工农业等领域的信息服务，高校不仅服务于学术社区，也极大地促进了社会的综合发展。

高校的信息服务不仅限于基础的信息处理，更包括对信息的深度加工和创新，以增强信息的实用性和前瞻性。这种高级信息服务能够通过调查研究，为经济社会发展中的重要理论和实践问题提供解决策略，对地方经济社会发展起到积极的推动作用。例如，地方政府部门和科技局经常与高校合作，委托其搜集和分析关键的农作物和科技信息。这种合作不仅提升了农业和科技领域的信息质量，也助推了本地区的相关发展。南昌大学在这方面表现尤为突出，该校不仅积极参与社会公共健康活动，如在每年的“世界艾滋病日”组织大型的防艾宣教活动，还在经济社会研究领域发挥了重要作用。南昌大学中国中部经济社会发展研究中心将江西省的崛起作为其战略研究的重心，充分发挥了身为政府智囊团的作用。该校与国内外研究和咨询机构建立了互利的战略联盟，并与政府、企业及相关机构进行密切互动。通过这种合作，该校不仅针对地方经济社会发展的重大理论问题进行深入研究，也提出了具有建设性的政策建议，极大地支持了地方政府的决策制定。

此外，南昌大学还主持了由江西省发改委委托的重大项目，与国家开发银行江西省分行合作完成了“南昌区域经济发展规划研究”和“社会规划报告及省级区域规划大纲”，这些研究成果对于指导地方经济社会发展规划具有深远影响，充分显示了高校在社会服务中的重要作用和实际贡献。通过这些实际案例可以看出，高校的信息服务不仅是学术研究的延伸，更是社会发展的重要推动力。

3. 加强文化资源服务

如前文所述，在高校的社会服务体系中，文化资源服务占据了一个极为重要的位置。这类服务主要依托高校丰富的文化资源，目的是直接促进社会的文化发展和提升公众的文化福祉。高校利用其在文化教育方面的深厚积累，通过多种方式向社会提供服务，包括但不限于建设文明校园、研究地方文化、共享校园设施以及参与城乡社区文化建设等。具体而言，高校通常会开放其图书馆、医务室、体育馆等设施，供当地社区居民使用，这不仅丰富了社区文化生活，也促进了学校资源的有效利用，加深了高校与社区的联系。此外，高校还会组织学生参与文化“三下乡”等活动，这些活动通常在寒暑假期间进行，涵盖文艺表演、法律知识宣传、卫生教育等方面，广泛服务于农村地区，帮助提高农村居民的生活质量和文化水平。以南昌大学为例，该校团委积极组织学生利用假期时间深入江西各地乡村，开展形式多样的支教、支医和文化普及活动。这些活动不仅提供了文化娱乐，还普及了基本法律和卫生知识，受到了当地群众的欢迎和好评。这种实践不仅体现了高校作为文化传播者的社会责任，也展示了高校在推动社会文化进步方面的重要作用。

4. 将科技服务放在重要位置

高校的科技服务在地方社会经济发展中扮演了关键角色，不仅体现了高校的科研实力，也是其服务于地方发展的重要方式。这些服务通常包括高新技术服务和技术创新服务等，涵盖了研发的不同形式和技术的多种应用。具体到研发形式，高校的科技服务可以分为独立研发和联合研发。在产业化方面，这些服务形式多样，如产学研联合体、研学联合体、校办企业及高科技园区等。技术流转则包括技术持股、技术转让和技术指导等多种方式。例如，德州市政府与德州学院共同创办的高科技园区，以及新疆维吾尔自治区地方政府兴办的高科技园区，都是地方政府与高校合作的典型例子。这些合作不仅推动了地区科技的快速发展，也为当地经济增长贡献了力量。另外，南昌大学每年都组织专家教授参与江西省的科技下乡活动，通过现场咨询帮助农民解决实际农业技术问题，这种直接的科技服务深受当地群众的欢迎。

此外，随着高校社会服务工作的不断深入，大学生的创新创业活动也开始在一些高校兴起。这些活动不仅为学生提供了实践的平台，还有效提升了他们的创新意识和创业能力。通过这些实践，高校不仅强化了自身的教育和科研功能，也实现了在知识与技术方面的社会贡献，推动了地方经济的持续发展和科技进步。这种广泛的科技服务活动，体现了高校在当代社会发展中的重要作用和贡献。

（四）高校社会服务的社会经济效益日益提高

近年来，高校作为社会发展的重要推动力，在紧密结合地方实际需求的基础上，不断优化自身的服务策略，有效地将社会效益与经济效益相结合。在这个过程中，高校活动不仅遵循市场经济的规律，也遵循教育发展的内在规律，实现了教育服务的高质量发展。

在经济发达的沿海地区，一些高校，如广东省的五邑大学，通过其信息学院和管理学院等多个学科领域的深入开发，提供了包括文学、工学、理学、师范和经济学等多个本科和专科专业，同时设立了继续教育学院和职业技术学院，形成了全面的学科专业体系。这种多样化的教育体系不仅促进了教育的改革与创新，也极大地支持了侨乡及广东省的社会经济发展，培养了大量专业人才，为当地的经济发展提供了坚实的人才保障和服务支撑，显著提升了地区的社会经济效益。在经济相对欠发达的地区，高校同样展现了显著的社会服务能力。以湖南省的吉首大学为例，该校利用其地处少数民族聚居区的地理优势，专注于研究当地的民族特色文化。通过建立土家语研究中心，该校不仅推动了土家语言的学术研究，还开展了关于民族地区自我发展能力、生态环境保护、湘西旅游开发及农村山寨经济等领域的研究工作。这些研究不仅为地方政府提供了科学管理的重要参考，还促进了当地经济的发展，为该地区的社会经济带来了显著的改善和提升。

通过这些例证可以看出，无论是经济发达还是较为落后的地区，高校的社会服务工作都能根据地区的特定需求，提供有力的支持和服务，增强了社会的整体发展和经济发展的动力，展现了高校在当前社会中的独特价值和重要作用。

第二节 国外高校社会服务研究

如前文所述，自 1862 年《莫里尔法案》颁布和“威斯康星理念”推广以来，美国将社会服务确立为高等教育机构的第三大核心职能，紧随人才培养和科学研究之后。这种模式不仅在美国获得了系统发展，也逐渐获得了国际社会的广泛认同。全球众多高校开始效仿，将社会服务作为其核心职能之一，大力推进与社会的互动和服务活动。这些活动极大地促进了当地乃至全球的经济和社会进步。本节将以美国及其他发达国家的高校为例，详细探讨它们在社会服务领域的发展现状；将分析这些高校如何将社会服务整合到其日常运作中，以及这些实践如何帮助它们在全球高等教育领域中保持领先地位。通过这种分析，希望能够为其他国家和地区的高校在推广社会服务时提供一些具有借鉴意义的策略和见解。这将帮助全球高等教育机构更好地服务社会，推动全球社会的共同进步。

一、国外高校社会服务的发展历程

国外高校社会服务的发展变化主要经历了萌芽阶段、发展阶段和成熟阶段三个时期。

（一）萌芽阶段

前文已述及，在中世纪末期至 19 世纪中叶的初期阶段，西方资本主义国家如英国经历了工业革命，这一时期的技术与管理知识主要由工人和工匠掌握，并通过师徒传承或家族传承的方式进行传授。这使得当时社会对高等教育机构的需求并不强烈，因为相关的技术和技能培训主要在工作场所内部完成。然而，随着时间的推移，一些高等教育机构开始逐步承担起服务社会的职能。例如，1596 年成立的格雷山姆学院就是一个典型例子，该学院确立了直接服务于地方社会的办学理念，成为社会服务领域的先行者。此外，根据世界经济合作与发展组织的研究报告，高校服务社区的理念在历史上最早可以追溯到美国赠地学院的创建时期。

赠地学院的概念由乔纳森·图尔姆（Jonathan Turme）提出，他是这一运动的先驱之一。图尔姆建议由联邦政府或州政府资助创建赠地学院，主张高等教育应该服务于社会的广泛层面。他将高等教育的目标分为两大类：一类是专业阶级，主要包括科学、艺术、法律、文化和宗教领域的研究，这部分学生的数量较少，大约占总人数的 5%，教育通常由传统的私立学院承担，这些学院多数由宗教团体运营；另一类则是工业阶级，这部分人群主要从事工农业生产和其他日常活动，占总人口的大多数，教育则由新型的公立学院实施，这些学院通常由联邦或州政府设立和管理。这种分类不仅揭示了教育的双重目的，也标志着高等教育机构在服务社会经济发展中的作用日益显著，特别是在促进工业和农业生产方面的贡献。

（二）发展阶段

1862 年，美国政府通过了《莫里尔法案》，标志着美国联邦政府在 19 世纪首次对公共教育进行系统性的干预。该法案的核心内容是在每个州资助至少一所专注于工农业生产及机械技术的高等教育学院，这些学院在课程设计上既强调工农业实用技术，也不忽视古典学科和科学教育，并且要求设立军事训练课程。此外，法案规定了一种资金支持机制，即每个有国会议员的州将获得 30000 英亩公地，销售这些土地所得的资金用来购买联邦或州政府债券，以此建立一个旨在支持学院发展的永久基金，其中 10% 可用于购买校园土地。若这些资金五年内未得到使用，需退回联邦政府。

《莫里尔法案》的实施，使赠地学院运动在美国迅猛发展。这些以应用科学为导向的学院不仅推动了当时美国工农业的教育和研究，也在更广泛的社会服务领域展示了其独特价值。此外，威斯康星大学成立于 1848 年，其在之后的发展历程中确立了社会服务为其核心职能之一，这为高校社会服务职能的正式确立提供了重要先例。威斯康星大学推广的教育模式到了19世纪末和20世纪初已经广泛传播至全美各州，并对全国乃至全球的高等教育模式产生了深远影响。

这一时期的高校社会服务活动虽具有自发性、探索性和模糊性，但这些特点正体现了高校在适应社会需求和服务社会过程中的初步努力和探索。这些活动虽在实施中存在局限性，但它们为后续高校社会服务的进一步发展奠定了坚实基础，使得高校逐渐形成了更加成熟和系统的社会服务模式。这种模式不仅加强了高校与社会的联系，也优化了教育内容与社会需求之间的匹配，为社会经济的进步做出了不可忽视的贡献。

（三）成熟阶段

20世纪50年代，国际上的高等教育机构开始进入社会服务的成熟阶段。这一时期，美国、日本、英国等国家的高校通过建立产学研合作模式、创设科技园区以及与企业密切合作等方式，显著加快了高校社会服务的进程。这些举措不仅推动了服务内容与方法的不断创新和多样化，而且实现了服务的实体化，标志着高校社会服务功能的全面成熟。随着技术的发展和人才资源的积累，高校进一步扩展了其服务社会的领域，显著增强了其在社会与经济方面的影响力。这些成就不仅为社会带来了巨大的效益，也确保了高校自身的持续发展。此外，随着经济全球化趋势的加强，经济发展导向的全球化策略对高校的社会服务职能也产生了深远的影响，特别是在服务贸易的全球框架下，世界贸易组织（WTO）在《服务贸易总协议》中明确将教育定义为服务业，并详细规定了教育服务的四种模式：一是商业呈现模式，即教育提供者在其他国家建立分支机构，如高校在海外设立分校。二是国外消费模式，指学生前往其他国家接受教育，如出国留学。三是跨境提供服务模式，如通过网络进行的在线教学和远程学习。四是自然人呈现模式，涉及教育服务提供者派遣教职员工至其他国家，或从外国引进教师来国内任教。这种国际化的教育服务模式不仅反映了高校适应经济全球化带来的挑战的能力，也展示了其在全球教育服务市场中的活跃度。通过这些多元化的教育服务方式，高校不仅提高了自身的国际影响力，也为全球教育事业的发展做出了重要贡献，进一步证明了高校社会服务功能的成熟和高效。这些成熟的社会服务模式，确保了高校在不断变化的全球环境中能持续发挥其教育和社会服务的双重职能。

二、国外高校社会服务的主要特点

经过一个多世纪的发展，国外高校社会服务职能呈现出日益多样化的发展趋势。总的来说，国外高校社会服务职能呈现以下特点。

（一）政府对高校社会服务高度重视

在美国，各州政府根据宪法规定对州立大学承担明确的职责，并通过财政支持和税收政策等手段积极推动其发展。这种关系随着时间的推移变得日益紧密。大多数州立大学由董事会管理，其成员多数由州长任命，且拥有固定任期，这种任命通常被视为一种荣誉。这样的安排不仅为州长提供了政治优势，还使得州长更加关注州立大学的发展，因为他们认识到这些学院对本州的经济和社会进步有直接益处。此外，这种机制也促进了州立大学与州政府之间的交流，使大学能够根据州的经济社会发展动态调整其教育和人才培养策略，从而更好地服务地方发展，实现双赢。例如，美国的《莫里尔法案》《哈奇法案》，以及随后的一系列相关法案，均通过法律手段强化了高校与地方社会发展的联系。在英国，1963 年发布的《罗宾斯报告》强调了高校与工商业界的联系，并支持这些联系以促进国家经济的发展。《1988 年教育改革法》则将市场机制引入高等教育，如提倡学校自主、多样化选择和教育的私有化，改变了政府对地方大学的直接干预方式，鼓励大学自主发展，提高了高校的活力和对社会的服务能力。法国 1968 年颁布的《高等教育法》则要求提高校外人士在大学管理中的参与度，这一措施提高了高校的开放性和透明度。在非洲，如苏丹，高等教育委员会提倡“高等教育地方化”，强调课程设计应与地方社会保持密切联系，并取消学科间的人为界限，以更好地服务于当地社会的需求。这些例子表明，世界各国政府通过不同的法律和政策积极促进高校更好地服务社会，不仅提升了教育质量，也加强了高校作为社会发展引擎的功能。这种政策支持不仅增强了高校的自主性，还确保了它们在全球教育和社会服务中保持活跃和竞争力。

（二）高校社会服务的形式日益多样

在全球范围内，高校的社会服务活动越来越多样化，主要表现在与政府、企业以及社区的互动中。这些互动不仅丰富了高校的社会职能，也加强了其在地方发展中的核心作用。

首先，高校与政府的互动主要表现在高校提供政策咨询、进行科研项目以及参与政府决策的信息支持等方面。例如，美国的莫尔黑德州立大学的区域经济研究所承担了一系列与地方发展密切相关的研究项目，如环境污染、水质监测、土地利用和森林保护等，这些研究直接服务于政府的决策制定和地方治理。[①] 其次，高校与企业的合作已成为推动科技创新和经济发展的重要模式。在这种合作模式中，高校通常提供研究和技术开发的专业能力，帮助企业提高技术水平和市场竞争力；反之，企业则通过资金和资源支持，促进高校科研成果的实际应用和技术转移。以“硅谷”和“波士顿—坎布奇科学工业综合体”为例，这些区域不仅凝聚了加州大学旧金山分校、斯坦福大学以及麻省理工学院和哈佛大学等高校的智力资源，也吸引了众多企业和创新力量，共同构建了全球领先的科技创新高地。[②] 最后，高校与社区的互动主要通过开放资源、提供教育咨询服务以及社区教育项目等形式进行。例如，威斯康星大学苏必利尔分校就在当地社区积极开展健康教育和人类福祉提升课程，通过教育介入提高了社区居民的健康意识和生活质量。社区学院通过开放图书馆和体育设施等资源，为居民提供了学习和健身的便利，同时开设实用课程以应对社区的具体需求。这些多元

① 刘华钢，邓家刚，梁远．美国大学为地方经济发展服务的考察与思考［J］．社科与经济信息，2001（3）：92-94.

② 柯玲，庄爱玲．美国和日本高校社会服务模式比较研究［J］．西南交通大学学报（社会科学版），2013，14（4）：63-67.

化的互动模式显示了高校作为社会服务提供者的多功能角色，它们不仅是知识和技术的发源地，也是促进社会进步和经济发展的关键力量。通过这些广泛的合作和服务，高校能够更有效地响应社会变化，积极参与到地方和全球的发展挑战中。

日本的高校社会服务模式以“政府主导型”为特点，体现了政府、高校和企业之间的紧密合作。这种模式强调通过法律和政策的支持以及设立中介机构，如“高科技市场”来促进高校研究成果的产业化和商业化。第一，日本政府与高校和企业之间的合作通过一系列政策和法律来保障。例如，经济产业省推动了其下属的 15 个工业技术研究所重组成为产业技术综合研究所。这一举措旨在通过共同研究、技术咨询和成果推广等方式加强与企业的合作，并通过研究生教育和共同研究项目等增强与高校的合作。第二，高校与社区的互动在日本同样表现出多样化。日本高校通常通过提供开放大学和信息服务等方式与社区互动。高校不仅向社区开放其图书馆、实验室和医务室等资源提供便利服务，还通过远程教育和公开讲座等教育形式吸引社区成员参与，旨在提升社区居民的教育水平和生活质量。第三，高校与企业之间的互动主要通过培养人才、共建研究中心和科技园等方式进行。例如，邮电省创立的类似“硅谷”的研究开发支援基地就专注于高新技术的研究和应用，这种合作模式不仅加强了学术研究的应用转化，也促进了新技术的商业化过程。通过这些合作模式，日本高校的社会服务活动不仅深化了学术研究与实际应用之间的联系，也促进了技术创新和社会经济的整体发展，展示了一种有效的政府、高校与企业协同进步的社会服务模式。

（三）高校社会服务更具针对性

高校的社会服务活动越来越注重针对性，即根据自身发展需求和社会经济发展的具体需要，提供有针对性的服务。这种服务旨在解决企业和其他社会组织迫切需要解决的问题，从而最大化社会服务的效益。因此，高校需要根据社会经济结构的变化适时调整服务内容和形式，确保与社会的互动更为有效。例如，在美国，州立大学在开设新专业或调整课程设置时，会综合考虑地方需求。州立大学通常会评估该专业在州内其他学院的存在情况、地方经济社会发展需求、潜在学生的兴趣以及毕业生的就业前景等因素，确保其教育项目与地方需求紧密对接，从而提高其教育的社会应用价值。以威斯康星大学为例，该校在1934年梳理各学科研究成果时，识别出了州内及国家层面的一些迫切问题，如犯罪预防、矿产保护以及人口变迁等，从而调整其研究和教学方向以更好地服务社会。到了1965年，该校进一步扩大其服务范围，从农村拓展到城市，以适应区域经济发展的变化。这种服务的内容和形式的调整，不仅确保了高校服务的针对性和有效性，也促进了高校与地方社会的良性互动，实现了双向共赢。高校与地方经济社会的发展是一个相互促进、相辅相成的过程。一方面，高校为地方社会提供必要的智力支持和技术创新；另一方面，高校的发展依赖地方社会提供的资源和支持。从20世纪90年代开始，美国出现了所谓的“相互作用大学”新模式，这种模式强调高校与地方政府的互惠合作。在这种合作模式下，高校不仅向地方政府提供科技和人才支持，地方政府也为高校提供更好的办学条件和环境。通过与社会各组织的紧密合作，高校能够实现与社会双方利益的最大化，推动地方经济社会持续发展。

（四）高校社会服务趋于实体化

在当前的国际环境中，高校社会服务的实体化特征日益显著。许多发达国家的高校正利用自身的人才和资源优势，与社会各界组织密切合作，直接参与到生产实体的建设、独立实体的创建及企业的技术创新等方面，从而使社会服务功能取得实质性进展。以日本为例，自1982年起，日本政府推动企业与高校之间的合作，制定了企业向高校捐赠的制度。这一措施在1987—1994年促使38所高校设立了共同研究中心，这些中心致力于推动学术研究与工业需求的结合。在美国，自1973年以来，高校与企业之间的人才交流和合作促成了345个合作中心的建立，这些中心不仅促进了技术的创新，还为大学生及研究生提供了实际参与的机会。此外，威斯康星大学根据当地发展需要，建立了农业服务中心，专注于牲畜饲养、水土保持、垃圾回收及农药化肥生产等研究领域。该中心还组织教授和学生深入农村，直接参与解决实际的农业问题。这种实践不仅提升了研究的应用性，也加强了学校与社区的联系。在地区经济发展方面，美国高校也扮演着领导者的角色。例如，西卡罗来纳大学利用其“改善山区生活中心”，发起了以“为了西卡罗来纳的明天”为口号的区域经济发展组织，涵盖了17个县的代表。这一组织显著推动了该地区的社会经济发展，取得了切实的区域发展效益。这些例子清晰展示了高校在社会服务中的实体化运作模式，高校不仅在学术研究领域发挥着重要作用，更通过直接参与实际的社会和经济活动，极大地促进了社会的整体发展。这种服务模式确保了高校的社会服务不再是理论上的输出，而是实际的、有效的社会贡献。

（五）高校社会服务的范围不断拓展

随着经济全球化的不断深入，高校的社会服务职能正逐步从地方层面扩展到全球范围，这不仅表现在对本地区社会的服务上，更体现在对国际社会的广泛贡献上。现代高等教育机构已成为推动社会文化和经济发展的核心力量，它们通过开放和与周围社会的深入交流，成为推动社区发展的重要源泉和动力。美国各州立大学在这方面的表现尤为突出。它们通过教育和科研活动，培养与社会需求相符合的专业人才，从而间接服务于本州的发展。同时，这些大学积极与政府部门、企业和行业界进行合作，通过产学研的紧密结合，直接参与到州内的经济社会建设中。此外，美国在1990年通过的服务学习交流中心的设立进一步证明了教育系统正逐步实现服务与学习的有机结合。这种“服务—学习”系统通过课程设置，不仅拓宽了学生的学习视野，也加强了高校社会服务功能的实际效果，使学生能够直接参与到社会服务中，实现知识与实践的结合。在全球层面，高校的社会服务正在成为其对外开放和国际合作的重要平台。通过参与国际事务，高校不仅能够提升影响力，还能为解决全球性问题提供智力支持，如环境保护、公共卫生及经济发展等领域。这种跨国界的社会服务活动不仅加深了高校的国际合作，也为全球社会的可持续发展做出了积极贡献。

总之，随着社会服务职能的不断拓展，高校已从单一的教育机构转变为多功能的社会发展中心，活动范围已从校园扩展到全球舞台，成为连接地方与国际、学术与实践的重要桥梁。

三、国外高校社会服务发展的原因——以美国为例

国外高校在社会服务领域取得了显著的成就，其中美国高校凭借其早期发展和卓越表现尤为亮眼。这些高校的成功不仅展示了其在社会服务方面的能力，也反映了其深远的影响力。通过详细分析美国高校的社会服务经验，可以提取出其成功的原因和策略。

（一）文化传统的影响

美国高校的社会服务发展受到其文化传统的深刻影响，尤其是实用主义和个人主义。实用主义作为一种深植于美国社会的文化思潮，强调的是知识与技能的实际应用，反映了美国社会的基本精神和价值观。从国家独立初期，新兴的资产阶级便以实用的精神推动经济的迅速发展，主张采用解决现实问题的“即学即用”的教育方式。这种文化倾向直接影响了高校的教育方向和社会服务功能的形成，使得高校的知识产出与社会需求紧密相连，提高了高校服务社会的能力和效率。

此外，个人主义在美国社会的根深蒂固也对高校社会服务职能的形成和发展起到了关键作用。18 世纪末到 19 世纪中叶，一批实业家通过个人资本的力量改造和影响了高等教育的方向，使得高校更加重视培养具有实用价值和生产价值的技术专家。这种文化特性倡导的是对即刻有用知识的追求，强调个人能力的发挥和对市场需求的满足。

因此，美国高校的社会服务功能能够快速发展并实现多样化，与其文化传统中的实用主义和个人主义有着不可分割的联系。这些文化特性不仅塑造了美国高校教育的特点，也确保了高校能够在变革中不断适应社会经济的需求，进而提供有效的社会服务。这种文化驱动的教育模式不仅增强

了美国高校与社会的联系，也使得美国高校能够在全球高等教育领域中保持领先地位，为社会的发展做出了重要贡献。

（二）政府的支持

历史上，美国的高校曾被视为具有高度独立性和自治权的“象牙塔”，但随着社会对实用型人才的需求不断增加这一形象逐渐转变，特别是工业化和技术革新的推进，要求高校培养的人才能够直接应对经济和社会的挑战。为了应对这种变化，美国联邦政府和各州政府开始采取积极措施，通过法律、政策支持及财政资助等方式，加强对高等教育的影响和指导。政府的这种干预不仅提高了高校的社会服务能力，还确保了高校教育更加贴近实际需求，更好地服务于国家的经济社会发展，促使高校逐步转变为能够积极响应社会需求的教育机构。

美国政府通过教育立法、协调政策和财政资助等多种手段，实现了对高等教育的有力管理，推动了高校社会服务职能的发展。这一进程始于《莫里尔法案》的颁布。通过这一法案，政府大力支持与工农业相关的专业建设，强调实用主义教育，以满足美国快速工业化的需求。继《莫里尔法案》后，美国政府接连通过了多项法案来加强对高校的支持和监管，包括 1887 年颁布的《哈奇法案》以及 1914 年颁布的《史密斯 – 莱沃法案》等。这些法案主要围绕农业试验站的建立和运营，提供了必要的财政资助，解决了农业生产中的实际问题，从而深化了高校与地方社会的联系。

到了 20 世纪，美国政府进一步规范和扩大对高校的支持，如 1929 年颁布的《乔治 – 里德法案》、1934 年颁布的《乔治 – 埃雷尔法案》以及 1980 年颁布的《贝耶 – 多尔法案》等，这些法案不仅加大了政府的财政支持力度，也营造了一个有利于技术转让的宏观环境，激发了高校在科研创新和社会服务上的积极性。为了加强高校与政府的关系，并提高政策的适用性和有效性，美国还设立了专门的评估和咨询机构，如高校科技委员会，并建议总统科学技术顾问委员会设立相应的工作组。这些机构和工作组的目标是为高校的发展和政府高校关系提供策略性建议，以确保教育政策与国家的经济社会发展需求保持一致。[①] 这种系统性的支持和综合性的策略使得美国的高校能够在社会服务方面取得显著成就，不仅增强了高校的教育和研究能力，也发挥了其在社会经济发展中的积极作用。这样的政策框架和执行力显示了政府在推动高等教育适应并服务社会变迁中的决心与效率。

（三）市场经济体制的作用

在美国，市场经济体制深刻地塑造了社会的多个层面，其中包括高等教育系统的发展和运作。市场经济的核心原则，即自由竞争和市场调节，不仅指导了国家的经济策略，也显著影响了美国高校的功能定位和运营方式。

美国高等教育体制的分散性是其市场经济体制的直接体现。在这一体制中，联邦政府并没有对教育实施直接的管理，而是设立了一般性的咨询机构，如教育部，主要提供政策指导和协调。各州政府则充当州立大学的主要资金供应者，而个人、企业和其他社会组织通过捐赠等方式也对高校的发展产生影响。在这种体制下，美国高校被视作提供教育和研究服务的机构，学生和企业成为服务的购买者。高校的存续与发展依赖其教学与科研服务在市场中的竞争力。因此，高校必须不断提升服务质量和社会声誉，以获得市场的认可和必要的财政支持。此外，为了更好地适应市场经济的需求，美国高校的管理和组织结构也倾向于模仿企业模式，注重市场导向。这种管理方式有效促进了高校服务系统的发展和服务质量的提升，同时提高了教育教学的整体水平。美国高校能够灵活地根据市场和社会需求进行调整，这体现了市场经济体制下高等教育的动态适应性。

然而，市场经济体制也存在一定的局限性和弊端，如可能导致教育质量的波动和资源的不合理使用。这些问题凸显了政府宏观调控的必要性。因此，要想实现高校社会服务职能的高效运行，需要政府和市场发挥协同作用，确保教育资源的优化配置和高质量教育服务的持续提供。

① 甄丽娜．美国高校社会服务职能的发展及启示[D]．重庆：西南师范大学，2005.

第三节 国内外高校社会服务的启示

开展社会服务活动对高校的自我发展及地区经济社会的进步有着深远的影响。这些活动不仅提供了高校改革的动力，也提升了教师的实践技能与创新能力。此外，通过有效的人才培养和科研活动，高校能够直接促进地方企业和社会的发展，从而实现其服务社会的核心使命。然而，加强高校的社会服务功能不是一项孤立的任务，而是需要教育机构、政府及社会各界的协作与共同参与的复杂工程。高校需要与这些外部力量建立有效的合作关系，共同探索提升服务质量的策略。通过整合各方资源和智慧，可以更好地提高高校服务社会的能力，确保教育活动与社会需求之间达到最佳的匹配。

通过学习和了解国内外高校社会服务的成功经验，可获得以下几个重要启示（如图 3-3 所示）。

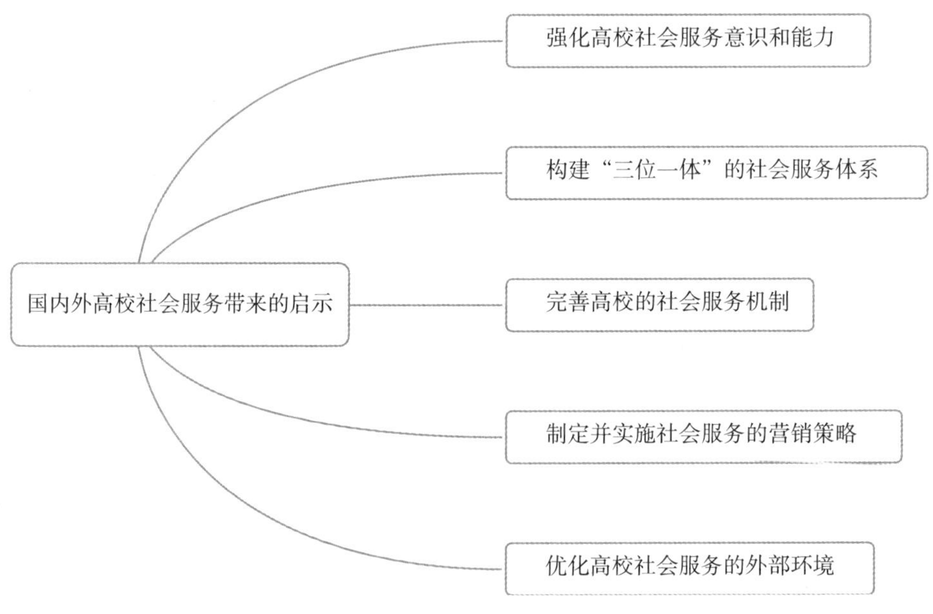

图 3-3 国内外高校社会服务带来的启示

一、强化高校社会服务意识和能力

2010 年我国颁布了《国家中长期教育改革和发展规划纲要（2010—2020 年）》，鼓励高等教育机构增强自身的社会服务意识与能力。这两个方面被视为高校持续发展和有效履行社会职责的关键要素。在这一框架下，高校应深化对自身社会服务角色的认识，积极提高服务社会的能力。这种强化不仅能为高校带来更多的改革动力和活力，而且是高校有效执行社会职能的基础。高校必须通过提升相关能力和加强社会合作，确保教育活动与社会需求紧密对接，从而提升高校的社会贡献度，并促进其在教育领域的持续成长和创新。

（一）深化高校社会服务意识

在当今社会，多个领域的问题已经无法仅仅依靠传统经验来解决，需要深入且复杂的知识才能得到妥善处理。这些问题涵盖政府管理、企业运营、农业发展、劳动关系、原料供应、国际关系、教育和卫生等重要方面。高等教育机构因其在知识创新和人才培养方面的核心作用，成为解决这些复杂问题的关键。因此，提升高校的社会服务意识至关重要。这要求高校更新传统观念，采纳科学的社会服务理念，积累并应用成功的服务经验，主动肩负起对社会的服务职责。通过这种转变，高校不仅能够提供解决当代复杂问题所需的知识和技能，还能通过实际行动推动社会的进步和发展。这种职能的承担和意识的提升将使高校更加积极地参与到社会的各个方面，从而更好地服务于社会的整体福祉和发展。

1. 高校必须深化办学理念中的服务意识，树立正确的社会服务观

高校应深化办学理念，特别是在社会服务意识方面，以确保教育活动与地方社会需求紧密对接，实现互利共赢。高校要从根本上更新服务社会的观念，摒弃传统的“等、靠、要”被动思想，转而采取主动适应并积极服务的态度。这包括打破思想上的障碍，树立勇于实践的精神，不畏挫折，并在社会服务中敢于做出决策和承担风险。此外，高校还必须精确把握办

学定位，这不仅包括短期目标，如满足当前社会发展的需求，而且包括长远目标，即对社会可持续发展的贡献。在定位过程中，高校应结合自身的特点和地方的实际情况，制定出符合社会服务精神的教育和研究策略。实际上，高校的社会服务工作也需要具体的执行策略。这意味着高校必须在日常运营中融入社会服务的理念，如通过开设与地方发展紧密相关的课程，提供有针对性的研究项目，以及与地方政府和企业的合作项目等。这不仅能增强高校的社会服务能力，也可以提升其在地方社会中的影响力和贡献度。

高校在深化社会服务意识的过程中，不仅要重视理论的普及和教育的深化，更要通过具体行动和战略部署，确保其教育和研究活动能够有效地服务于社会的发展需求，促进社会的整体进步和繁荣。最终使高校成为推动地方和全球可持续发展的重要力量。

2.高校必须强化区域服务意识，树立双赢的社会服务观

在快速变化的经济社会环境中，高校发展的战略定位越来越需要强调区域服务功能，确保其教学和研究活动与地区发展紧密相关。这不仅要求高校增强区域服务意识，而且需要通过有效的策略和行动，主动优化与地区部门之间的合作关系，发挥其在区域发展中的核心作用。高校应当根据地方经济社会的需求，调整教育和研究方向，以突出其独有的办学特色和优势。通过这种方式，高校不仅能为地区社会经济发展提供支持，还能通过人才培养和科学研究强化自身的社会服务职能。这种互利共赢的模式不仅提升了高校的社会影响力，也确保了其在区域发展中的重要地位。具体来说，高校需通过多种途径实现与地区社会的有效互动，如培养适应地方需求的专业人才，加强文化传播和法治教育以提高地区居民的文化素质和法治意识，以及加速科研成果向地方经济的转化，直接支持地方企业的技术升级和创新。这些活动不仅促进了地区的经济发展，也提高了居民的生活质量。

通过这样的努力，高校能够在地区社会经济构架中扮演更加积极的角色，成为推动地方创新和社会进步的关键力量。同时，这种以服务为导向

的发展策略将使高校与地区社会共同享受到教育投入带来的广泛益处，实现真正的社会和经济双赢。因此，高校必须继续深化服务理念，强化与地区社会的联系，确保自身在未来能够更有效地支持和促进地区的全面发展。

3. 转变办学理念，加大政府和高校的宣传力度

为了确保高校社会服务功能的有效实施和持续发展，必须进行深刻的办学理念转变，并加大政府与高校在社会服务领域的宣传力度。这要求高校不仅要加强内部的传播和教育工作，以提高师生参与社会服务的积极性，还需通过外部宣传改变公众对高校社会服务职能的固有偏见。

高校应通过精神激励和教育活动，增强师生的责任感和使命感，使他们更加主动地参与到社会服务中。这不仅有助于师生个人的成长和发展，也能显著提高高校整体的社会服务效果。此外，高校需要总结并推广在社会服务中的有效经验，同时完善相关政策和制度，以建立更加稳定和系统的社会服务机制。另外，高校的社会服务观念也应不断更新和完善。这包括提高服务意识，主动适应社会的变化；增强高校职能的全面性，确保教学、研究与社会服务的均衡发展；树立区域化服务观，协调与地方政府和社会组织的合作；强化效益意识，追求教育活动的社会和经济双赢结果。通过这些措施，高校不仅能够更好地履行社会职责，还能显著提升自身在社会中的地位和影响力。综合这些努力，高校的社会服务功能将得到充分发挥，同时为社会的持续进步和发展做出更大的贡献。这种全方位的服务观不仅反映了高校对社会服务的深刻理解和承诺，也展示了高校在现代社会中不可替代的价值和作用。

（二）培养高校社会服务能力

高校的社会服务能力涉及其在为社会提供知识产出和智力支持过程中的整体效能。要想增强这一能力，关键在于培养和提升高校在社会服务中的功能。这要求高校主动掌握并发挥自身在社会服务方面的优势和特色，积极参与到社会服务项目中，整合自身资源以更好地服务于地方社会经济的发展。高校应通过评估自身的专长和资源，确定在社会服务中能够提供

最大价值的领域，通过主动寻找与自身能力相匹配的社会服务项目，更有效地融入地方的社会经济活动。这种主动参与不仅能增强高校的社会影响力，也能促进其教学和研究工作的实际应用，进而提升高校的教育质量和研究成果的社会贡献度。

1.依照当地社会经济结构的需求，调整学科专业结构

随着社会经济的快速发展和结构的不断变化，高校需要不断调整和优化学科专业结构，以更好地响应市场和社会的需求。这种调整包括但不限于扩大学科领域、增加新兴专业以及增强现有课程的实用性和前瞻性。通过这些措施，高校不仅可以提供更广泛的社会服务，还可以增强自身在教育市场中的核心竞争力。另外，高校在调整学科结构的同时，应考虑向综合性或多学科的发展方向转变，从而使其更全面地服务于社会的多元化需求，同时有助于提升自身整体教育水平和研究能力。通过这样的策略，高校不仅能更有效地服务社会，还能在社会和经济的大背景下保持自身的生存和发展。

高校的学科专业结构调整是一个复杂而系统的工程，需要领导层具备前瞻性的思维和决策能力。同时，也需要密切关注外部环境的变化，灵活调整教育策略，以确保其教育输出与社会需求高度匹配，从而实现教育的社会价值和市场价值的最大化。

2.提升高校社会服务的技术层次和质量

在当前社会经济发展的背景下，高校的社会服务职能正变得日益重要。为了有效提升这一职能的技术层次和质量，高校必须采取一系列具体的措施来提高科研与教学的实用性和创新性。这包括提高大学生的科研创新能力，使其更好地结合理论与实践，以及提供更多实际操作的机会，从而满足学生和社会的需求。

高校要重视在人才培养过程中理论与实践的结合，通过实际案例教学和科研项目参与，提升学生的实际操作能力和解决问题的技巧。此外，还应鼓励教师参与到政府或企业的咨询和决策过程中，为其提供智力支持，这不仅能增强教师的实践经验，也能促进其科研成果的实际应用。通过建

立实训基地、产业创新科技园区及科研孵化基地，高校可以为师生提供更多的科研和创新平台，这些平台不仅能提供必要的实践机会，还能直接对接地方经济的需求。这种产学研结合的模式有助于直接转化科研成果，提高学术研究的应用价值。在科研课题的选择上，高校应密切关注地方经济社会的实际需求，选择与当地重大理论和实践问题相契合的研究方向。这样的研究不仅有助于解决当地的实际问题，也能提升高校在地方经济社会发展中的作用和影响力。

综上所述，高校必须不断创新教育和科研模式，通过具体有效的策略和行动，提高社会服务的技术层次和质量。这不仅能够提升高校自身的教学和科研水平，更能通过服务地方发展，加强与社会的互动和合作，为地方的社会经济发展做出更大的贡献。

3. 在实习、实践方面，加强实体建设

在当代教育体系中，实习和实践活动是高校教学与地方经济社会发展紧密结合的重要桥梁。因此，加强实体建设，提升这些实践活动的质量和效果，对于培养符合现代企业需求的高素质人才具有重要意义。

高校应通过深入研究现代企业管理理念，不断优化教育内容和方法。高校可以通过开设专题讲座、组织培训班等形式，直接向企业和政府机构提供人才培训和决策咨询服务。这不仅可以增强学生的职业技能和实际工作能力，还能够使高校在服务地方经济发展中发挥更加积极的作用。同时，高校应重视与地方企业的合作，共同建设培养基地、研发基地和实训基地。这种合作模式允许学校和企业共享资源，不仅为学生提供了宝贵的实习和实践机会，也为教师的科研成果转化创造了条件。在这种模式下，企业投入必要的资金支持，而高校则提供研究人员和技术支持，共同探索和解决实际问题，从而实现互利共赢。此外，这种紧密的合作关系还有助于高校更好地了解和对接地方经济的实际需求，使其教育和研究工作更加贴合社会和市场的需求。这不仅提升了高校的社会服务能力，也加强了其在地方经济社会发展中的核心竞争力。

通过加强实体建设和深化与地方企业的合作，高校不仅能够为学生提供更多的实践机会，也能够促进科研成果的实际应用，从而更有效地服务于社会经济的发展。这种策略将使高校在培养实用性人才和推动地方发展方面发挥更大的作用，实现教育资源与社会需求的最佳对接。

二、构建“三位一体”的社会服务体系

考虑到我国高校社会服务的现状，迫切需要建立一个综合性的服务体系，即“人才—成果—平台”“三位一体”模型，以更有效地发挥高校在社会服务中的作用。这种体系不仅能够优化人才培养和成果转化的过程，还能提供必要的支持平台，确保这些资源能够高效利用。通过这样的结构调整，高校可以更好地满足社会发展的需求，同时增强自身在教育和研究领域的影响力和竞争力。

（一）构建人才智力支持系统

在高等教育领域，人力资源是推动高校社会服务发展不可或缺的动力。2001 年教育部发布的《关于做好普通高等学校本科学科专业结构调整工作的若干原则意见》强调了高校，尤其是地方高校要紧密结合地方经济的发展需求，科学运用市场机制来优化和调配教育资源。鼓励高校加强应用型学科专业的建设，尤其是那些服务于地方支柱产业、高新技术产业和服务业的专业，以培养满足地方需求的应用型人才。然而，当前我国高校仍面临一些挑战，尤其是高层次人才的短缺问题。专家、学科领头人及其他领军人才在教师队伍中的比例相对较低，这限制了高校在社会服务领域的潜力和质量。为了应对这一挑战，高校需要加强教师队伍的建设，建立健全的人才智力支持系统。

为提升高校的社会服务能力，建立一套有效的人才智力支持系统显得尤为关键。这一系统的构建依赖培养和引进的高层次人才。高校需要通过多样化的教师培养计划来提升教师队伍的专业水平和教学质量。这包括提供国内外的进修机会、参与学术研讨和同行交流，以及在职教育和训练等。同时，高校应当调整专业结构并加强学科建设，增设硕士和博士学位点，

旨在为社会培养符合社会需求的专业人才。在吸引外部人才方面，高校可以通过开展招聘活动引入具有社会服务能力的高级人才。为了支持这些人才的研究和教学活动，高校可以实施一系列政策，如允许自主设立科技人员职位，并在职称及薪酬上提供具有竞争力的待遇，使他们能够在高校中担任硕士和博士研究生的导师。同时，校企合作模式为学生提供了实际操作和实习的机会，尤其是在农业、林业、牧业、采矿业等特定行业中。通过这种合作，企业不仅可以直接参与学生的培养过程，还能在学生毕业后提供就业机会，从而确保教育的实际应用性和市场导向性。通过这些措施，高校能够构建一个强大的人才智力支持系统，有效地提升自身在社会服务领域的能力和质量，同时为社会经济发展做出更为显著的贡献。这种人才培养和引进的综合策略，不仅提升了教育质量，也优化了高校与社会的互动和合作。

（二）构建科研成果支持系统

科学研究作为高校的核心职能，对学校本身及周边社会经济都起到至关重要的作用。然而，研究显示，我国高校的科研活动往往缺乏针对性和实用性，导致科研成果的转化率不高。为了提升高校的社会服务能力，必须建立一个健全的科研成果支持系统。这一系统的建立，首要任务是鼓励教师投身于与行业需求直接相关的研究项目。高校应激励教师开展与地方企业和社会机构合作的横向课题，以促进科研成果的实际应用，这样不仅可以提升科研成果的转化率，还能直接推动地方经济的发展和社会问题的解决。此外，高校还应完善相关的政策和机制，确保科研成果可以顺畅地转化为实际的生产力，包括提供必要的资金支持、创新激励机制和建立成果转化平台。通过这些策略，高校不仅能够提升自身的科研水平，更能够通过科研服务于更广泛的社会需求，实现高校与地方社会的互利共赢。

在构建高校科研成果支持系统中，关键是确保科研活动与市场需求紧密对接。高校在科研项目的启动阶段就应将市场导向作为核心考虑因素，确保科研成果能够满足实际的社会和市场需求。例如，吉首大学在项目立项时便重视利用当地资源，开发了“米良一号”猕猴桃，该品种帮助超过十万农民实现了脱贫，显示了市场导向科研的巨大社会价值。此外，加速科研成果向市场的转化也是提升科研价值的关键步骤。这一过程需要满足三个基本条件：确保持续的科研成果供给、激发市场和社会对这些成果的需求，以及加强供需之间的连接。这些要素需要通过系统的整合和协调来实现，其中政府的政策支持、企业的参与和社会各界的关注都是不可或缺的。进一步讲，为了确保科研成果能够高效转化并实现市场价值，建立一个科学的评价体系也是十分必要的。这一体系应由管理专家、经济学者和市场研究专家共同参与，构成一个多学科的科研成果评审机制。该机制不仅评估科研成果的实用性和经济性，也对其社会影响进行权威评估。在评价过程中，应将科研成果的社会经济效益作为重要考量标准，并据此为科研人员提供相应的激励和奖励。

总之，高校科研成果的转化与原始科研工作同等重要，高校应通过各种措施激发科研人员服务社会的热情和能力。只有当科研活动与社会需求高度一致时，高校的科研成果才能真正发挥应有的经济和社会价值，促进社会进步和经济发展。

（三）构建平台支持系统

在全球范围内，大学的技术转让和科研成果的商业化已证明其对经济发展能起到巨大的推动作用。以美国为例，自 1980 年以来，大学技术转让已为经济贡献了 300 亿美元，并且每年创造约 25 万个就业机会。此外，市场上超过 1000 种产品源于大学的科研，且大学科技成果的转化率超过 60%。这些数据充分显示了服务平台在促进科研成果转化中的关键角色。然而，我国高校在构建社会服务平台方面仍存在不足，限制了高校科研成果转化的潜力。因此，高校亟须建立更多且多样化的服务平台，以更好地发挥科研成果的社会和经济价值。例如，杭嘉湖科技开发试验区就是一个成功案例，该平台汇集了 156 所高校与地区企业的合作，成功将 170 多项科技成果商业化，累计增加产值 4214 亿元。这不仅极大地推动了地区产业和产品结构的优化，还促进了高新技术产业的快速发展。

为更有效地提供社会服务功能，高校需要构建综合的支持系统，涵盖人才培训、技术交易以及产学研合作平台。通过这样的体系，高校能够加强与企业、科研机构及其他社会实体的联系，从而为学术研究与人才培养创造更为有利的外部环境。具体来说，高校应当建立一个全方位的服务体系，包括人才培训和交流机制，以及技术产权的交易平台。这些平台不仅能促进校内外的知识和技术交流，还能加速科研成果的转化和应用。同时，建立产学研合作平台将使高校更直接地响应企业和社会的需求，推动科技创新和应用。此外，为保障社会服务平台的高效运行，高校还需要加强制度建设。这包括建立信息服务系统，集成并管理来自高校、企业等的关键信息；发展风险投资机制，提供技术评估、风险评估和法律支持；构建融资体系，以解决资金不足的问题；设立科研中介机构，强化科研成果与经济发展之间的联系。这些系统构成了一个互补且协同的整体，包括人才智力支持、科研成果转化以及多方合作平台。通过这样的综合布局，高校可以突破传统观念的限制，促进人才培养、科学研究与社会需求的有效对接，从而更好地服务社会和推动经济社会发展。这不仅有助于形成强大的社会服务合力，也将显著提升高校的社会服务能力和社会贡献度。

三、完善高校的社会服务机制

机制定义了组成部分之间的相互关系和作用方式。对高校而言，构建并优化社会服务机制是实施有效社会服务的核心。这一机制主要包括社会服务的组织架构、管理体制和相关政策的协调运作。确保这些元素的有效整合是高校社会服务成功的关键。这涉及如何合理设定组织结构、制定适应的管理策略，并通过一系列政策保障社会服务活动顺利进行，从而使高校能够在服务社会的同时，实现自身的可持续发展。

具体来说，高校社会服务机制的完善应从以下几个方面入手（如图 3-4 所示）。

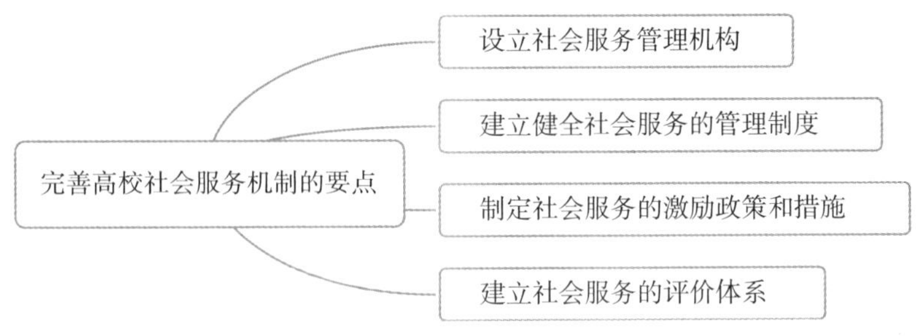

图 3-4　完善高校社会服务机制的要点

（一）设立社会服务管理机构

在提高高校的社会服务质量和效率方面，建立一个专门的社会服务管理机构是至关重要的。这样的机构能够确保学校与当地政府、企业及其他社会实体之间的合作更加紧密和高效。在国际上，许多高校已经采用了这种模式，如斯坦福大学的 HAAS 社会服务中心，不仅提供了社会服务工作的交流平台，而且显著提高了学校社会服务活动的可见度和影响力。国内部分高校也建立了相关机构，例如，中国传媒大学的社会服务与发展办公室就是一个积极探索的例子。该办公室不仅承担了代表学校服务社会的职责，而且积极推动校地合作，广泛联系社会资源，通过综合事务科、对外联络科以及社会服务项目科等部门，形成了与社会各界的良性互动，有效地推进了社会支持和回馈。但这些机构的功能并没有得到充分发挥，常常表现为社会服务信息交流不畅和缺乏统一的领导与管理。为此，高校需要在制度和结构上进一步完善，如设立由专人负责的社会服务机构，负责规划和管理校内外的社会服务事务，强化与社会的沟通与交流，优化服务质量。具体而言包括建立信息服务体系，收集和分析高校与企业的合作信息；建立风险投资机制，为社会服务项目提供必要的技术评估和风险评估；建立融资体系，为高校的社会服务项目提供资金支持。这样不仅可以提升高校的社会服务能力，还能加强学校与社会的联系，使高校更好地服务于社会的发展，最终实现社会与学校双赢的局面。

（二）建立健全社会服务的管理制度

在提升高校社会服务能力的过程中，建立和完善管理制度是确保服务质量和效率的关键。高校需要制定明确的社会服务管理制度，这不仅能规范服务流程，还能增强服务的系统性和连续性。适当的管理制度能够为高校提供操作的指导原则和标准，确保社会服务活动的有序进行。高校应制定具体的社会服务政策，明确服务的目的、原则和具体实施步骤，确保所有参与者——包括教师和管理人员——都能明确自己的角色和责任。例如，临沂师范学院制定的《为沂蒙社会服务五年计划》不仅具体概述了社会服务的主要内容和形式，还详细描述了实施社会服务工作的策略和措施。这样的计划不仅有助于提升高校的社会服务质量，也能有效地提升教师和学生的参与度，激发他们服务社会的热情。此外，高校还应考虑建立一个监督机制，定期评估和审查社会服务活动的效果。这可以通过引入第三方评估机构或建立内部评估团队来实现，确保服务活动达到预期的效果，并及时调整策略以应对挑战。在实施这些制度的同时，高校应积极寻求与外部机构的合作，如地方政府、企业和其他教育机构，这不仅能拓宽服务的范围，还能提高服务的实际影响力。通过这样的合作，高校能够更好地利用外部资源，加大社会服务项目的实施力度。

总之，通过建立健全社会服务管理制度，高校不仅能有效地提升自身的服务能力，还能显著增强自身对社会的贡献度，从而实现教育资源的优化配置和社会功能的最大化。

（三）制定社会服务的激励政策和措施

在当前全球化及知识经济高速发展的背景下，高等教育机构不仅是知识的传递者，更应成为社会发展的积极参与者。然而，要实现这一角色的转变，必须从根本上革新传统的教育和科研模式，重视并加强高校的社会服务功能。本部分旨在探讨和提出一系列针对高校社会服务的激励政策和措施，以促进高校更好地服务于社会的需求。

1.高校需要明确社会服务

在当前社会发展的多元化需求中，高等教育机构的角色日益凸显。面对快速变化的社会环境，高校需要重新定位自身在社会服务方面的职能，将社会服务作为核心使命之一。为了有效地实现这一目标，高校必须将社会服务纳入自身长远的发展战略，并通过具体的步骤来确保这一战略的成功实施。

高校应当清晰地认识到，社会服务不仅是其学术研究的延伸，也是其社会责任的重要体现。因此，高校需要通过制定明确的政策和计划，确保社会服务成为教育和研究工作不可分割的部分。这包括调整教学和科研的方向和内容，使之更加符合社会的需求和期待。例如，一些国际先进高校已经通过建立针对特定社会问题的研究中心或服务团队，有效地将学术研究与社会实际需求相结合。这些机构不仅解决了地方或行业的具体问题，也极大地提高了高校研究的实际应用价值和社会影响力。借鉴这些成功经验，我国高校应当考虑建立类似的专门机构，以便更系统地整合和利用现有的教育和科研资源，推动社会服务项目的发展。此外，高校还应通过与政府、企业以及社区等社会各界的合作，建立多方参与的社会服务网络。这不仅可以扩大高校社会服务的范围和深度，还可以增强其在社会服务过程中的主导地位和影响力。

综上所述，高校的社会服务功能是其发展战略中不可或缺的一部分。通过上述措施的实施，高校不仅能够更好地服务社会，还能够在全球高等教育领域中保持竞争力和影响力。这种策略转变是高校应对未来挑战、履行社会责任并实现可持续发展的关键。

2.政策激励

在推动高等教育机构积极参与社会服务的过程中，政策激励扮演着至关重要的角色。通过设计和实施一系列激励措施，可以显著提升高校在社会服务领域的活跃度和效率。本部分旨在探索如何通过政策激励有效激发高校的社会服务潜力，进而推动其在社会发展中扮演更加积极的角色。

国家和地方政府应当主动设立专项基金来支持那些能够产生显著社会

影响的高校研究项目，专门用于资助那些解决社会关键问题的研究，如环境保护、公共健康、教育改革等领域。此类资金支持不仅限于直接的项目资助，还可以包括为参与这些项目的高校教师和科研人员提供财政补贴和税收减免。除了政府的支持，高校自身也应该建立一套内部激励机制。例如，将教师参与社会服务的成果和表现作为其职称评审、奖励发放和职业发展的重要参考。这不仅可以提高教师的积极性，还可以鼓励他们将更多的研究成果转化为社会实际可用的解决方案。同时，高校还应鼓励教师和科研人员创新社会服务的方式和内容，如参与公共政策的制定、社区服务项目的设计与实施等。这种直接参与不仅能增强高校的社会服务实效，也能提升其在社会中的认可度和影响力。

上述措施的推行可以有效地促进高校在社会服务领域的深入参与。这不仅有助于高校更好地履行其教育和社会责任，也能为社会的持续发展贡献重要的力量。在未来，这种政策激励机制将成为推动高校社会服务创新和高效执行的关键因素。

3. 经济激励

在高校社会服务体系中，经济激励直接影响着科研人员的参与度和创新活力。适当的经济激励不仅能够提升科研人员对社会服务项目的兴趣，还能够增强他们的责任感和成就感。本部分将探讨如何通过经济激励有效提升高校科研人员在社会服务中的产出。

经济奖励是激发科研人员积极性的直接和有效手段。高校可以将科研人员在社会服务项目中的贡献，如研究成果的实际应用和社会影响转化为具体的经济收益。这可以通过增加工资、发放额外奖金或提供项目分红等方式实现。此外，高校还可以设立特定的奖项，以表彰在社会服务领域取得显著成就的科研人员，进一步提升其在同行中的竞争力和声望。高校还应考虑建立一套完善的绩效评估系统，将科研人员在社会服务项目中的表现作为其职业发展、职称评审和薪酬调整的重要依据。这种系统不仅需要公正、透明，也应具备激励创新的特点，鼓励科研人员积极探索新的社会服务领域和方法。经济激励还应结合非物质激励措施，如职业培训、学术交流机会等，从多方面支持科研人员的职业发展和个人成长。通过这种综合激励策略，高校不仅能够激发科研人员的潜能，也能够促进其长期对社会服务的贡献。

通过上述策略的实施，高校可以有效地激发和利用其科研人员的潜力，推动其在社会服务项目中的积极参与和创新。这不仅能增强高校的社会服务能力，也将促进其在国内外的学术和社会影响力的提升。

4. 优化社会服务的环境

在推动高校更有效地履行社会服务职能的过程中，创造一个支持性的环境至关重要。这不仅需要高校自身的努力，还需要政府和社会各界的支持。通过构建一个资源丰富、合作紧密的社会服务环境，高校可以更好地发挥其在社会发展中的作用。本部分将探讨如何通过合作和资源整合，优化高校的社会服务环境，以提升其在应对社会挑战时的效能和影响力。

政府在优化高校社会服务环境中扮演着关键角色。通过提供资金支持、技术资源和政策便利，政府可以极大地激励和支持高校的社会服务活动。例如，可以设立专门的资金，用于支持那些旨在解决公共问题、提高公众福祉的高校项目。同时，政府可以通过简化项目审批流程、提供税收优惠等措施，降低高校在社会服务过程中的行政和财务负担。此外，高校与企业、政府部门及非政府组织的合作也是优化社会服务环境的关键。通过这些跨界合作，高校不仅可以获得额外的资源和资金支持，还可以利用外部专业知识和技术，提升其服务项目的专业性和实效性。例如，高校可以与企业合作开发新技术或服务模式，或与非政府组织共同实施社区发展项目。同时，建立广泛的社会服务网络是提升高校影响力的有效途径。这种网络不仅能够拓展高校服务的范围和深度，还可以增强其在社会中的可见度和影响力。通过定期组织合作论坛、工作坊和联合研究，高校可以与社会各界保持密切联系，确保其教育和研究活动与社会需求保持一致。

5. 加强成果转化与应用

在高等教育领域，实现科研成果的有效转化和应用是提升高校社会服务质量和影响力的关键环节。为了确保科研成果能够转化为实际的社会与经济价值，高校需要建立和完善成果转化机制，促进创新成果的广泛应用。本部分旨在探讨高校如何通过成立专门的机构和制定相应的策略，加强科研成果的转化与应用，从而在社会服务中发挥更大的作用。

高校应当设立成果转化机构，其主要职责是促进校内外的技术转让和知识共享，确保科研成果能被有效识别、保护和商业化。例如，这些机构可以负责与企业和其他研究机构建立合作关系，将科研成果转化为可市场化的产品或服务，同时监督这些成果的市场表现和社会效益。此外，高校还需要建立一套完整的激励机制，鼓励教师和研究人员积极参与成果转化活动。这可以包括提供研究经费、改善研究设施、提供专利申请支持等措施，以降低科研人员在成果转化过程中的风险和成本。高校还应加强与政府、行业和社区的合作，创建多元化的成果转化平台。这种跨部门合作可以拓宽科研成果应用的领域和深度，同时增强高校在社会服务中的实际影响力。例如，高校可以与地方政府合作，将研究成果应用于城市规划、环保和公共健康改进等领域。

总之，通过上述措施的实施，高校可以更好地履行社会服务的职责，从而不断提升自身在国内外的竞争力和影响力。这不仅有利于高校的可持续发展，更有助于推动社会整体进步。

（四）建立社会服务的评价体系

为了确保高校社会服务效益评价体系真正实现其初衷，首要任务是明确评估的具体内容。随着社会和高校自身建设的持续进步，人们对高校在社会服务方面的期望变得更为具体化，相应的服务内容和评价指标也变得更加多样化。因此，高校需要全面考虑服务的多个方面：不只是评估服务本身的形式和直接效果，还要关注服务所引起的社会反应；同时，需要平衡对服务成果和实施过程的评估，避免偏重任一方面；除了量化评估涉及的人力、物力、财力等资源之外，还应重视这些资源在服务过程中的质量表现。高校在确定社会服务项目时应以社会需求为核心，通过实行全面的效益评价，不仅能提升服务受众的满意度，而且有助于推动服务项目的成功实施和目标达成。

在建立高校社会服务的评价体系时，应将常规化评价作为持续的活动，融合静态的评价内容和动态的评价指标，同时结合对现有服务效益的分析和潜在服务能力的发掘，以及自评和外部评价的方法。这种综合的评价策略不仅确保了评估的全面性和时效性，还提供了可靠的反馈，对于高校探索创新的社会服务策略和路径起到了实际和深远的指导作用，有助于高校顺利、健康地提升社会服务能力。有效、客观的评价机制可以增强高校在社会服务领域的主动性和积极性，鼓励其不断探索新的服务方式和形式。此外，规范且合理的评价体系能够监督高校服务的实施，推动高校持续改善和提升服务质量，从而促进高校的整体发展与社会经济的共同进步。通过这种方法，高校能够更好地实现其社会功能，同时促进教育与社会福祉的双向增益。

四、制定并实施社会服务的营销策略

为了充分发挥在地方经济和社会发展中的作用，高校需要从多个角度和层次实施社会服务职能。这一需求不仅提供了广阔的发展空间，也带来了显著的机遇。通过有效的社会服务营销策略，高校可以抓住并利用这些机会，提升社会服务的执行效果。营销策略还能帮助高校增强品牌特色，扩大影响力和知名度，提升吸引力，从而更好地满足地方社会的需求和达成高校自身的发展目标，创建一个积极的社会服务环境，并成功完成其社会服务使命。

高校应结合自身的实际条件和战略目标制定和实施一系列社会服务营销策略，包括推广策略、品牌策略以及关系营销策略（如图 3–5 所示），确保社会服务营销活动效果的最大化。

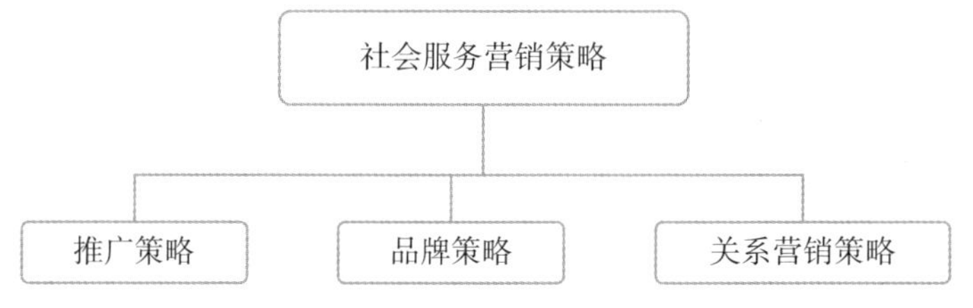

图 3–5　社会服务营销策略

（一）推广策略

在当前的社会服务领域，高校的推广策略起到了至关重要的作用，不仅提升了学校的影响力，也加深了社会对高校服务的认识和支持。有效的推广策略可以使高校更好地展示其在社会服务方面的成就和专长，进而优化其在该领域的发展环境。

1. 大众传媒的战略运用

高校在扩大其社会服务影响力方面，可以积极利用电视、广播、报纸等传统大众传媒工具。这些渠道因广泛的触达能力和深远的社会影响，成为宣传教育机构社会贡献的关键平台。通过发布详尽的新闻稿件、深入报道以及展示其社会服务项目的具体成效，高校不仅能向社会大众详细介绍其在社会服务领域的广泛活动，还能强调其在推动社会发展方面起到的关键作用。这种策略不仅提升了高校的公众形象，也增强了社会对高校功能和贡献的认识和支持。通过这些传统媒体的系统化利用，高校能有效传达其社会服务的价值，加深公众对其教育和社会责任的理解和欣赏。

2. 发挥自控媒介的作用

高校拥有丰富的媒介资源，如官方网站、社交媒体平台、校园出版物和电子公告系统。这些媒介资源使高校有机会在没有外部限制的情况下，自主地发布信息和展示其在社会服务方面的活动和成效。通过这些自控媒介，高校可以展现具体的社会服务案例和最新进展。这些平台的可控性和灵活性允许院校及时更新信息，回应公众关切，以及为不同的目标群体定制内容。利用这些自有的媒体工具，高校可以有效地向社会传达其在社会服务领域的承诺和成就。更重要的是，通过与公众的实时互动，这些媒介可以增强公众的参与感和对高校社会服务工作的认可，加强与社会各界的联系。这不仅有助于高校在公众中建立积极的形象，而且通过塑造良好的社会服务品牌，进一步强化了其作为教育和社会发展领导者的角色。因此，高校应充分利用这些自控媒介资源，以保证信息的及时更新和传播效率，确保能够触达广泛的受众群体。这种策略不仅提高了信息传播的效果，也为高校带来了与社会深入互动和合作的机会，从而提高了其在社会服务领域的影响力和声誉。

3. 利用网络互动功能

在当今数字化时代，高校应充分利用网络互动功能，提高其社会服务项目的影响力和参与度。网络平台，如在线论坛、社交媒体、博客和其他数字工具，为高校提供了与公众持续互动的渠道。这些工具不仅允许院校实时发布重要信息，还能快速响应公众的疑问和反馈，进一步促进知识传播和信息共享。通过有效运用这些数字工具，高校能确保其社会服务活动紧跟社会需求。例如，高校可以通过社交媒体平台发起和参与讨论，更新博客以分享最新的研究成果和社会服务经验，从而持续吸引和教育公众。此外，举办在线研讨会和虚拟会议不仅降低了交流和合作的门槛，而且允许来自不同地区和行业的人士参与，从而拓宽了参与者的范围并加深了社会对高校社会服务工作的理解与支持。

这种互动方式增强了项目的透明度和可接触性，使公众能够更深入了解、参与甚至影响社会服务项目的方向和成果。高校通过这种策略不仅能够提高其社会服务的有效性，还能健全其评估和反馈机制，确保服务活动持续改进和优化。这种积极的网络互动策略最终将促进高校社会服务项目与社会需求之间更好地对接，增强其作为社会发展推动者的积极作用。

4. 重视内容的质量与针对性

在推进高校社会服务工作的过程中，高度重视内容的质量与针对性至关重要。高校需要精心策划和编辑所有发布的材料，包括新闻稿和各类宣传文案，确保不仅内容丰富、准确无误，还能够引起目标受众的极大兴趣，从而促进其参与和反馈。这要求高校深入理解不同社会群体的需求和兴趣，以此来定制宣传内容，提高信息传递的针对性和效果。通过这种细致的内容策略，高校能够更有效地传递其社会服务的价值和成果，同时满足不同社会群体的具体需求。这不仅有助于高校更精准地实现其社会服务目标，还能够增强社会对高校承担社会责任的认可和支持。此外，这种策略能够加强公众对高校社会服务活动的理解和参与，从而促进社会服务活动的深入发展和优化。通过进行精准和高质量的内容创作，高校不仅能提升其品牌和社会服务项目的知名度，还能确保其社会服务活动真正回应社会需求，实现社会效益的最大化。这种策略最终将增强高校在社会服务领域的影响力和领导力，有助于构建一个更加积极的社会服务环境。

通过上述策略的实施，高校不仅能够提升其社会服务的知名度和影响力，还能够更深入地参与到地方社会的发展中，真正实现其社会维度的教育使命，促进学校与社会的双向发展和共同进步。

（二）品牌策略

在高等教育领域中，高校社会服务的品牌战略至关重要，它不仅影响着高校的持续发展，也是政府和企业选择合作伙伴时考虑的关键因素。因此，高校需要精心规划和实施品牌策略，以确保其社会服务活动具有高效性和可持续性。

1. 利用高校的核心优势

高校在发展其社会服务品牌时，关键在于有效利用其在教育和研究方面的核心优势。通过精准定位自身的学术专业和科研成果，高校能够在特定领域建立强势品牌。专注于发展具有特色的学科和推动创新的研究项目，不仅提升了高校的学术竞争力，同时也在学术界和研究领域塑造了鲜明的品牌形象。此外，高校应通过有效的传播渠道，如学术期刊、研究报告以及国内外学术会议等，广泛宣传其突出的学术成就和研究创新。这种战略性的品牌推广活动有助于提升高校在全球教育和研究领域的知名度，同时能够强化其在社会服务方面的品牌信誉。通过这些策略，高校不仅能够在专业学术领域内部聚焦资源，形成核心竞争力，还能通过展示其学术和研究成果，有效地提升社会对其整体服务能力和品牌价值的认识和尊重。这样的品牌建设使高校能够在日益激烈的高等教育市场中保持领先地位，同时在社会服务领域产生更大的影响力和吸引力。

2. 保持服务质量与品牌承诺的一致性

在高校开展社会服务活动时，确保服务质量与公开承诺保持一致是至关重要的。这不仅涉及服务的具体成效，也关乎学院的信誉及其在公众眼中的形象。首先，高校应致力于提供与其宣传相符的服务水平，确保每一项服务都能达到或超越预期，从而构建一个可信赖的教育品牌。要实现这一目标，高校应设立明确且可衡量的服务标准，并确保所有相关人员都清晰了解这些标准。其次，定期自我评估和接受外部评审可以帮助学校持续优化服务质量。例如，引入顾客满意度调查和服务效果反馈机制，以获得关于服务表现的直接数据。这些数据不仅可以用于调整服务流程和内容，还可以作为学校对外公信力的有力证明。同时，高校还应透明地分享服务成果，无论是成功的案例还是需改进的地方。公开透明的态度不仅能增强社会公众的信任，也能激励院校内部持续提升服务质量。这种开放的信息交流有助于高校构建与社会各界的良好关系，使高校能够更好地服务社会，同时加强了其作为教育机构的社会责任感。

保持服务质量与品牌承诺的一致性不仅是提升高校品牌形象的策略，更是一种长期投资。通过实施这些策略，高校不仅能够提升自身的服务质量和效果，还能在竞争激烈的教育领域中占据有利位置。这种持续的品牌信誉建设将为学校带来更多的合作机会，也能吸引更多的学生和社会资源，从而在全社会范围内形成正向的影响力。

3. 提高社会与企业合作的可能性

随着社会各界对高校的认可度和信任度增加，更多的企业和政府项目有可能委托给高校来执行。这不仅有助于提升高校的社会地位和影响力，同时也为学术研究和学生的实际操作提供了丰富的资源。高校应积极寻求与行业巨头及政府部门的合作，通过合作项目，学校不仅可以获得资金和技术支持，还能为学生提供实习、实训和就业的机会，这对学生的职业发展极为有利。例如，学校可以与本地企业共同开发技术研究项目，或与政府合作开展社区服务计划，使学生能够在真实的工作环境中学习和应用其专业知识。此外，高校还应利用已建立的品牌信誉，积极参与社会问题解决方案的制定，通过高质量的研究和创新方法来解决具体问题。这不仅会提高学校的学术声誉，还能进一步巩固学校与社会和企业的合作关系。同时，通过这些实际项目学校能够获得宝贵的反馈，不断优化其教育和服务策略。

总之，建立在信任和专业基础上的合作关系，不仅有助于高校的可持续发展，还能使其在未来的教育领域中占据更加重要的位置，更有效地贡献于社会的进步和发展，培养出更多符合社会需求的高素质人才。

（三）关系营销策略

对于高校而言，关系营销策略是一种以增强社会联系和互动为目标的重要策略。通过积极参与地方发展和构建稳固的合作网络，高校可以显著提升其社会形象，进而获得更广泛的社会支持和资源。以下是实施关系营销策略的几个关键方向。

1. 主动参与政府活动与政策制定

高校应充分利用自身在教育和研究领域的专业优势，主动参与到地方政府的各项活动和政策制定中。这不仅有助于学校与政府部门建立更紧密的合作关系，而且可以确保高校的专业知识和技术能够在地方政策制定中发挥积极的作用。例如，高校可以通过组织专家团队，为地方经济发展、教育改革以及环境保护等提供咨询和规划建议。通过这种合作，高校不仅能提升自身的社会影响力，也有助于其科研和教学活动更加贴近社会实际需要，从而直接促进地方的可持续发展。同时，这种积极的参与还为学校带来了进一步影响政策制定的机会，使学校能够在教育和社会服务领域中扮演更加重要的角色。

通过与地方政府的紧密合作，高校可以确保其教育和研究活动不只是停留在理论层面，而是转化为实际行动和政策变革的驱动力。这种角色的转变不仅增强了高校的社会责任感，也提升了其在地方乃至更广泛社会中的声誉和影响力。

2. 加强与企事业单位的互动与合作

在高校的发展战略中，与企业及其他企事业单位的合作占据了至关重要的位置。这种合作关系实现了资源共享与互利共赢，不仅为学校带来了经济支援和实际操作案例，还为学生提供了更多的实习和就业机会。同时，企业通过借助高校的研究成果和人才库，能够在技术创新和业务扩展上获得显著的助力。具体来说，高校可以与本地企业联手，共同启动一系列研究与开发项目。这种合作模式不仅促进了学术研究的应用转化，还为学生提供了与企业实际工作紧密结合的机会。此外，高校还可以根据企业的特定需求，设计并提供定制化的培训课程。这不仅有助于提高学生的职业技能，也能帮助企业培养和优化其人力资源。通过这样的合作，高校与企业之间建立起一种互补的合作模式。企业可以直接参与到教育过程中，为学生提供真实的业务挑战和解决方案的机会，而高校则可以利用这种合作关系，将教育内容与实际行业需求更紧密地对接，从而提升教育的实用性和前瞻性。这种密切的合作关系不仅提升了教育质量，还为企业的长远发展注入了新的动力。

3. 挖掘和利用校友资源

校友资源对于高校具有不可估量的价值，校友在社会各界的成就为学校带来了广泛的支持和资源。因此，高校需要有效地管理和利用这一宝贵资源，通过建设一个活跃的校友网络，加强学校与校友之间的联系。为了维持和加强这种联系，高校可以定期组织校友聚会和专业领域的研讨会，不仅能够使校友与旧友重聚，还为他们提供了一个与现任教师和学生交流思想和经验的平台。此外，高校还可以利用校友的行业地位，开发与企业的合作项目，如通过校友引介获得合作机会，或是邀请他们回校担任客座教授或行业讲座嘉宾。这些活动不仅有助于学生了解行业趋势和挑战，还为他们的职业发展提供了直接的见解和指导。校友的参与也为学校带来了额外的资源，如资金援助、实习机会乃至更广泛的社会联系。通过这种方式，高校能够利用校友的成功和资源在加强校友对学校的持续关注和支持的同时，显著提升学校在教育和研究领域的影响力。

综上所述，关系营销策略是高校实现社会服务目标、提升社会形象及拓展发展空间的重要工具。通过这些策略，高校能够在服务社会的同时，增强自身的教学和研究能力，最终达到与社会各界良性互动和共赢的目标。

五、优化高校社会服务的外部环境

当前，我国高等教育机构在提供社会服务的过程中面临诸多挑战。要想克服这些难题，不仅需要高校、地方政府及企业之间密切合作，还依赖国家层面的关注和政策支持。这种多方面的协作和支持是营造有利于高校社会服务环境的关键，能确保高校有效履行其社会服务职责。只有在这样的系统性支持下，高校的社会服务功能才能得到充分的发挥和实现。

具体来说，高校社会服务外部环境的优化主要可从以下几个方面入手。

（一）企业转变思想，加强产学研合作

在当今社会竞争日益激烈的背景下，企业尤其是中小企业面临着持续创新和技术升级的迫切需求。为了在市场中保持竞争力，企业不仅需要不断更新生产技术和设备，还需要依靠技术创新来提升整体业务效能和市场响应速度。相较于大型企业，中小企业在资源获取上可能更加依赖外部帮助，特别是来自高等教育机构的支持。

高校作为知识和创新的重要源泉，拥有丰富的科研资源和专业人才，可以为企业发展提供强有力的支撑。因此，中小企业应当摒弃孤立自主的传统观念，主动寻求与高校的深入合作与交流。通过建立稳固的产学研合作关系，不仅能提升企业的技术水平和创新能力，还能促进企业的长远发展与社会经济效益的提升。企业可以采取多种方式与高校建立联系。例如，参与高校举办的学术活动，邀请高校教授到企业进行专题讲座或担任技术顾问，从而获得前沿的科学研究成果和专业技术指导。此外，企业还可以与高校共同开展研发项目，利用高校的科研能力和设施，共同攻关技术难题，加速新产品的开发和旧产品的改进。高校在推动产学研合作中有多个层面可以发挥作用。首先，高校可以利用自身智库的力量，加强基础理论的研究与实践的创新，不断提升自身的科研能力。同时，积极解决科研成果的转化问题，助力高新技术的产业化进程，由科技支持者转变为直接的参与者。其次，通过与政府和企业的合作，高校可以进一步拓宽产学研的

范围，通过资源共享和优势互补，共同创造良好的学习、创新和就业环境。这不仅有助于提高学生的科研能力和创业积极性，还能培养其创新精神和创新能力。最后，高校应及时完善产学研合作的机制和体系，确保合作的合法化、运行的规范化和科研的高效化，从而在现代化、规范化和规模化方向上推动产学研合作的发展，提高高校社会服务的能力和效果。

（二）政府加大政策性支持与资源投入的力度

对于高校来说，其在社会服务方面的成效不仅依赖于自身的发展和努力，更在于获得当地政府的认可和支持，以及政府在政策和资源方面的投入。因此，政府的角色是至关重要的，它应采用多种措施确保高校社会服务的顺畅执行。

第一，政府应为高校的社会服务活动提供必要的政策支持。除了直接的财政拨款支持外，政府还应建立激励机制，鼓励企业和其他社会组织投资于高校，从而形成一个由政府主导、多元资金共同参与的投资结构，实现高校经费来源的多样化。

第二，政府应最大限度地利用高校的智力资源。高校不仅是人才的摇篮，也是智力的重要源泉。政府可以聘请高校的专家学者作为顾问，参与地方的经济、文化、科技发展研究，为政策制定提供科学依据和实践建议。

第三，政府应积极引导和协调高等教育机构与企业之间的交流与合作。政府可以采取多种措施，强化学术界与产业界的联系。例如，政府可以定期组织科技成果展示会和产学研合作洽谈会，为高校和企业提供展示和交流的平台，促使双方在科研项目和技术开发上寻找合作的契机。这不仅有助于促进知识转移和技术商业化，同时也能加强高校研究成果的实际应用。此外，政府还可以设立特别的交流项目，安排高校的专家学者与企业的技术人员进行定期互访。

除上述措施外，政府还应当牵头成立专门的组织协调机构，以营造有利于高校社会服务的环境。这一机构不仅负责协调高校、科研院所和政府部门之间的关系，还应开展社会服务的实践和理论研究，分析现行政策，制定有效的管理措施，从而确保政策和资金的有效利用，提高支持的成效，保证高校社会服务的各项活动能够有效执行。

通过这种全方位的支持和协调，政府不仅能提升高校的社会服务能力，也为高校创造了更多回馈社会的机会，有助于实现高校与社会的共同发展和进步。

（三）营造良好的宏观政策环境

高等教育机构在执行社会服务职能时，除了依赖地方政府和企业的积极支持外，还需要国家层面的宏观政策环境优化。因此，为了让高校能够有效地履行社会责任，国家有必要创造一个有利的政策框架和稳定的支持系统，以便高校的社会服务活动获得必要的资源和政策支持，从而更好地满足社会的发展需求。

1.完善社会服务的相关法律法规

在全球范围内，高等教育机构的社会服务功能均得到了法律和制度的有力支持。例如，美国的《莫里尔法案》和《哈奇法案》、英国的《罗宾斯报告》、日本的《关于产学合作的教育制度》等政策，均为高校提供了明确的方向和保障，使其在服务社会的过程中能够依法行事，保障了各项活动的顺利进行和有序发展。

与西方国家的成熟体系相比，我国在高校社会服务的法律保障方面还存在一定差距。尽管《中华人民共和国高等教育法》（以下简称《高等教育法》）已经提出国家鼓励高等学校与各类企事业组织和社会团体在科研和技术开发等方面进行合作，但在具体实施层面，相关的法律法规和系统性政策还不够完善。为了改善这一状况，国家需要建立一套更加完整和细致的法规体系，来确保高校社会服务的有效性和合法性。

政府应当成立专门的社会服务协调管理机构，负责高校社会服务的宏观管理和监督。此外，还需要制定具体可行的政策和措施，构建起一套完整的高校社会服务法律框架。这包括但不限于确保高校与社会各界合作的合法性、监督和指导高校的社会服务活动，以及建立相应的评估和反馈机制。此外，知识产权的保护是科技服务顺利进行的关键。因此，加强与知识产权相关的法律法规建设，确保高校在科研和技术开发过程中的成果能够得到合法的保护和合理的利用是非常必要的。在财税政策方面，政府应当为高校提供一定的优惠，支持科技成果的转化和商业化，促进其转变为现实生产力，从而更好地服务于社会和经济的发展。

这些措施不仅可以增强高校的社会服务能力，还能提升其在国内外的竞争力和影响力，为国家的持续发展和创新驱动发展战略贡献力量。

2.落实高校的办学自主权

实现高校办学自主权对于促进其有效地进行社会服务至关重要。这种自主权的实施，并不是指高校完全摆脱国家的监管和指导，而是应遵循《中国教育改革和发展纲要》中的指导思想，即政府应逐步从直接行政管理转变为通过立法、拨款、规划和政策指导等宏观管理方式对高校进行调控。这样的转变有助于高校更灵活地应对教育和社会服务中的各种需求，同时确保国家对教育质量和方向的总体控制。在这个框架下，高校能够更好地根据自身的特点和地方的需求来设计和调整课程与专业。例如，美国威斯康星大学的办学理念强调“学校的边界就是州的边界”，这种思想促使学校服务于当地社会和经济的具体需求。我国由于地域和文化的多样性，高校数量众多，各有不同的特色和优势。这种多样性要求每所高校都应紧密联系本地的实际情况，发展符合自身特色的教育和服务模式。这不仅可以增强高校服务社会的能力，还可以保障其教育质量和社会服务的持续性和效率。

因此，为了支持高校更好地服务社会，国家和地方政府需要制定相应的支持政策和框架，确保高校在享有足够的自主权的同时，符合国家和地方的发展战略。这包括提供必要的财政支持、创新政策和法规环境，使高校能够在保持自主性的基础上，有效地响应社会和经济的变化，不断优化和调整其教育和服务内容，以满足不断变化的社会需求。这种策略将有助于提升高校的教育质量和社会服务功能，使其成为推动地方和国家发展的重要力量。

第四章　我国社会服务的理性思考

第一节　高职院校人才服务的理性思考

在人类文明的发展历程中，理性思考一直是推动社会进步的重要力量。这种理性不仅涉及科学和逻辑的严谨性，还包括对公正、法治、伦理和道德等社会共识的尊重和融合。高等教育机构作为人才的集中培养地，扮演着至关重要的角色。这些机构不仅是知识和创新的源泉，也是未来社会建设者的摇篮。根据《国家中长期人才发展规划纲要（2010—2020 年）》，人才被定义为具备较高能力和素质的劳动者总和，是国家经济社会发展的首要资源。因此，高职院校在培养人才时，不仅需要遵循科学的教学方法，还应注重人文情怀的培育，既强调工具理性的科学训练，也强调价值理性的人文关怀。这可以使学生在成为专业能手的同时，成为具备社会责任感和道德理念的公民，从而全面支撑和推动我国社会主义现代化建设的深入发展。

一、马克思主义视域下的人才培养

马克思主义的人才观深刻地影响了党和国家在人才政策上的制定和教育发展方向。马克思与恩格斯在其著作中，尤其是在《1848 年至 1850 年的法兰西阶级斗争》中首次提出了“人才”这一概念，描述了那些具备一定阶级意识形态的学者、律师、医生等专业人士。在《德意志意识形态》中，马克思更是将人视为社会历史发展的基本前提，认为人类历史的发展离不开活生生的个体。这些观点强调了人才在社会发展中的核心作用和地位。

在马克思看来，生产力的发展是社会前进的基石，其中劳动者扮演着决定性角色。这种视角将人才视为推动生产力发展的关键因素，而非仅仅是生产工具的操作者。因此，马克思主义人才观认为，人才的培养和评价不能脱离特定的社会和历史环境，必须考虑到人的社会属性和所处的时代背景。[①] 这种思想为我们提供了一个重要的视角：人才培养不仅要注重技能和知识的传授，更要强调人的全面发展和社会责任感的培养。人才的培养应该是与时俱进的，与社会的需求密切相关，确保人才能够为社会的可持续发展做出贡献。这也意味着我们的教育系统和人才政策需要不断调整和优化，以适应经济社会的发展需求。

人才培养在当代中国社会发展中占据核心地位，是深受马克思主义思想影响的动态和实践过程。马克思在其理论中明确指出，人的思维和能力的真实性必须在实际的社会实践中得到验证和发展。这一观点强调了人才只有通过参与科学实验和社会实践，其潜能和价值才能得到充分的展现和提升。马克思进一步阐述了环境对人的形成和发展的双重作用，认为人不仅创造环境，环境也塑造人。在他看来，人才的成长和价值实现密切依赖所处的社会环境和历史条件。此外，马克思和恩格斯强调，人才培养应坚持人民立场，维护广大人民群众的根本利益，反映了他们的人才观从根本上服务于社会的最广泛群体，而非仅仅是统治阶级。[②]

党和国家领导人历来十分重视人才，从毛泽东同志提出的“又红又专，德才兼备”的理念，到邓小平同志将科学技术视为“第一生产力”，再到江

① 中共中央马克思恩格斯列宁斯大林著作编译局．马克思恩格斯选集：第3卷[M].北京：人民出版社，2012：447.

② 中共中央马克思恩格斯列宁斯大林著作编译局．马克思恩格斯选集[M].北京：人民出版社，2012：411.

泽民同志强调“人才资源是第一资源”，胡锦涛同志倡导“人才强国战略”，直至习近平同志提出“聚天下英才而用之”，各个领导人的人才思想既一脉相承，又不断创新。在这些理念指导下的政策和实践，为我国经济社会的快速发展提供了强大的人才支持和智力保障。随着社会的发展和时代的进步，我国的人才培养环境也在不断改善，形成了尊重劳动、尊重知识、尊重人才、尊重创造的社会风气。这种风气不仅促进了人才的健康成长，也为国家的长远发展积蓄了宝贵的人力资源。因此，探索和实施有效的人才培养策略，以适应不断变化的社会需求，成为推动国家前进的重要任务，确保我国在经济全球化竞争中保持优势和活力。

进入 21 世纪，人才战略已成为我国国家战略的核心组成部分。2003 年，国家首次通过正式文件《中共中央 国务院关于进一步加强人才工作的决定》，明确提出了我国的人才政策和战略方向，标志着人才工作在国家发展中的重要性被正式承认并提升至前所未有的高度。2015 年，习近平总书记在浙江省的调研中强调了人才作为最宝贵资源的观点，指出利用好人才、发挥其创新优势是国家发展的关键。到了 2018 年的两会期间，习近平总书记再次重申，发展是第一要务，人才是第一资源，创新是第一动力。他指出，创新的核心在于人才，而社会的进步和发展依赖创新的持续推动。在党的十九大报告中，习近平同志进一步明确了人才在民族振兴和国际竞争中的战略地位，强调了党对人才工作的领导和管理，以及通过“聚天下英才而用之”的战略，加速推进我国由人才大国向人才强国的转变。这一系列政策和声明不仅显示了人才在国家战略中的重要性，也揭示了我国在经济全球化背景下，如何通过强化人才体系和优化人才环境来增强国家的综合竞争力和创新能力。这一系列政策和战略部署表明，我国对人才的重视程度与日俱增，通过不断的政策创新和体制机制的完善，旨在打造一个更加开放和有利于人才成长与创新的社会环境，为实现中华民族伟大复兴提供坚实的人才支持和智力保障。

二、高职院校人才培养的工具理性倾向

在经济全球化的今天，国家的综合实力竞争实质上是人才的竞争。高职院校作为人才培养的主战场，其培养模式和教育质量直接关系到国家未来的发展潜力和创新能力。科学技术作为推动社会进步的关键力量，依赖背后的人才和创新思维。随着科技日益成为国际竞争的核心，建设一支规模庞大、结构优化的创新人才队伍显得尤为迫切。这要求高职院校不仅要增加人才的总量，更要提高人才的整体素质和创新能力，使之能够适应快速变化的科技前沿和经济社会的多样化需求。高职院校需要根据国家战略需求，优化人才培养方案，创新培养机制、教学内容和方法。这包括实施多样化的人才培养工程，如加强实践教学、鼓励创新实验、提供跨学科学习平台等，旨在培养学生的学习能力、实践能力和自主创新能力。此外，高职院校还应当将人才培养机制与学生的成长特性相结合，确保教育内容和形式能够满足不同学生的个性化发展需要。同时，高职院校培养出的人才应具备适应国家经济和社会发展需求的能力，实现人才数量、结构和素质与社会需求高度匹配。

为了更好地服务国家的制造业和技术革新，高职院校需要加强与产业界的合作，特别是在先进装备制造和基础制造领域。通过开设相关专业，高职院校可以培养能够驾驭信息技术与产业升级、技术创新和社会服务需求的复合型人才。这种人才不仅具备深厚的专业知识，还能适应快速变化的市场和技术环境。同时，面对全球化的挑战和机遇，我国高职院校采取了“走出去”的国际化战略，通过“一带一路”人才培养行动，与共建国家和地区的教育机构深入合作，共同建设人才培养基地。这不仅扩大了我国职业教育的国际影响力，也为培养具有全球视野的国际化人才奠定了坚实的基础。此外，高职院校人才培养体系的建设还需要基于对社会需求的精准把握，确保人才培养的目标、内容与方法与国家的经济发展战略和社会进步需求相匹配。这要求高校不断更新教育理念，创新教育模式，强化实践教学，全方位提升人才培养的效率和质量，从而最大限度地满足社会

发展的多样化需求。这样的人才培养策略将使我国在激烈的国际竞争中保持优势，推动社会和经济的全面发展。

三、高职院校人才培养的价值引领

在当今时代，随着社会主义事业的不断推进，对人才的要求也日益提高。高职院校作为人才培养的重要基地，肩负着培养具备马克思主义信仰、热爱社会主义，并能够适应经济和社会发展需求的合格人才的重要使命。这些人才不仅要具备坚定的理想信念，还要能够从人类社会的长远发展需求出发，形成适应时代变革的能力。高职院校人才培养不仅是一项科学活动，更是一项文明传承活动。在这个过程中，科学性与价值性并重，科学理性和人文关怀共同塑造了人才培养的核心。高职院校应当注重培养学生的综合能力，使其在未来的社会实践中能够将感性认知和理性思维有效结合，推动科学与技术的进步。同时，为了建设创新型国家和科技强国，高职院校在培养人才时要坚守科学理性的原则，引导学生树立对科学的信仰和理想。学校教育应当引导学生形成正确的科技价值观，自觉营造健康的科学研究生态环境，并提倡树立以人民为中心的科技发展观。这不仅有助于学生个人能力的提升，也是社会整体科学素质提升的基础。此外，随着经济全球化的深入和国际竞争的加剧，高职院校还需要培养具有国际视野和全球竞争能力的复合型人才。这要求高职院校不断创新人才培养模式和课程体系，确保人才培养的内容、方法和目标与国际标准接轨，以适应全球经济社会的发展需求。

当前，高职院校在培养学生时，应结合自身的办学特色、学科建设、科研水平和文化传统等，对接社会的实际需求，培养既具有专业技能又具备人文情怀的复合型人才。这样的教育模式能够更好地帮助学生解决现实世界中的政治、经济、文化等方面的复杂问题，从而提升高职院校的社会服务能力。

在当前高等教育领域，高职院校人才培养策略面临重新定位的需求，必须平衡专业技能训练与人文素养的培养。高职院校的课程和教学方案应科学设计，以确保教育内容既符合国家发展战略，又能满足市场和企业的实际需求。同时，教育的目标不仅是培养具备必要职业技能的专业人才，更重要的是通过理论与实践的结合，加强人文教育的渗透，培育学生的批判性思维和创新能力。此外，高职院校需要强化学生的全人教育，使之不仅在专业领域技能娴熟，也能在人文关怀和伦理责任感方面得到显著提升。这种教育模式的核心在于促进学生的全面发展，使其能够在未来的职业生涯中，不仅成为技术的操作者，更是社会和文化发展的积极参与者和推动者。通过这种全方位的人才培养策略，高职院校能够更好地服务于社会的广泛需求，为促进人类的可持续发展贡献力量。

四、高职院校人才服务的理性选择

在当代中国，人才的培养和发展已被置于国家战略的核心位置，其对于推动产业升级和城市转型起着至关重要的作用。作为社会发展的重要推动力，优秀人才的培养不仅关系到中国特色社会主义事业的传承，也是实现社会主义现代化的关键。

高职院校作为人才培养的主阵地之一，承担着培育合格社会主义接班人的重要任务，高职院校培养出的学生不仅要掌握坚实的专业知识和技能，更要具备坚定的社会主义理想信念和良好的道德品质。因此，理解和认知中国的国情是高职院校人才培养的必要前提，这要求教育者不仅传授知识，还要深入生活、扎根人民，确保教育的方向和内容与国家的发展需求紧密相连。

然而，当前高职院校人才培养存在过度强调工具理性与缺失价值理性的问题。过度重视技能和知识的传授，而忽略了人文关怀和社会责任感的培养，可能导致人才培养目标的偏离和人才素质的片面发展。为了解决这一问题，高职院校必须在人才培养中实现工具理性与价值理性的统一，在人才培养政策的设计和实施中，结合经济社会发展的实际条件，将价值诉求和道德判断纳入其中，确保人才培养既科学又符合社会主义核心价值观。

高职院校应通过改革教育模式和课程设置，加大道德教育和社会实践的比重，促进学生的全面发展。这种教育改革应当重视对学生批判性思维和创新能力的培养，同时引导他们形成正确的世界观、人生观和价值观。此外，高职院校还需要加强与社会各界的交流合作，开展多样化的教育活动，以拓宽学生的视野，增强其社会责任感和实践能力。

通过这些措施，高职院校能够培养出既具备专业技能，又具有深厚人文情怀和社会责任感的复合型人才，这些人才将成为推动社会发展、实现国家长远目标的中坚力量。

第二节　高职院校科研服务的理性思考

随着科技的迅速发展和全球竞争的加剧，高职院校的科研服务能力越来越成为衡量其整体实力和发展潜力的关键指标。因此，评估和提升高校的科研服务能力，不仅是提高高职院校在科研领域竞争力的手段，更是推动高职院校持续发展和科技创新的重要策略。通过建立有效的科研评价体系和激励机制，可以有效提高高职院校科研团队的活力和创新能力，进一步推动科学理论的深化和科研成果的应用。因此，对高职院校科研服务能力的深入评估和持续提升，不仅有助于高职院校更好地服务于社会和经济发展，也是实现科技强国战略和促进全球科学技术进步的关键。通过这种方式，高职院校能够在全球科研竞争中占据有利地位，为人类社会的持续发展和科技进步做出更大贡献。

一、高职院校发展与科学技术的辩证关系

科技革命作为推动人类社会前进的核心动力，通过重大的科学与技术突破，实现了社会结构和功能的深刻变革。高职院校作为知识创新和技术进步的孵化器，不仅是科技发展的重要基地，也是培养创新人才的关键场所。提高高职院校的科研能力和教育质量可以有效促进科技革命，从而推动社会的全面进步。

（一）科学与技术的内涵溯源

“科学”这一概念源于拉丁语动词“scire”，意味着“知道”，其名词形式“scientia”转化为现代英语中的“science”，寓意为系统化的“知识”或“学科”。该术语于1893年由康有为从日本引入中国，标志着现代科学概念的传入。另外，“技术”一词源自希腊语，由“techne”（技艺、技巧）和“logos”（理论、学问）组成，强调了实际操作和理论知识的结合。英文中的“technology”最初指代具体的技能和操作方法。这两个词汇的结合体现了科学理论与实际应用技能的融合，构成了推动社会进步和产业发展的核心力量。这种理论与实践的结合不仅塑造了现代文明的轮廓，也持续推动着人类社会向更高层次发展。

科学技术作为人类对自然界和社会的深入认识，历来是推动社会发展和文明进步的关键力量。根据马克思和恩格斯的理论，科学不仅是知识的体系，也是生产力的一部分，它的产生和发展源于生产实践的需求。[①] 在马克思看来，科学涵盖了自然科学和人文科学两大领域，其中自然科学包括经验科学和理论科学；人文科学则包括社会科学和思维科学。这一广泛的分类不仅展示了科学的多样性，也体现了其深刻的社会性和实践性。科学的应用更是连接人与自然的桥梁，是通过实践改变世界的动力。在现代社会，科学技术已成为一个综合性的概念，不仅代表了人们对客观世界认知的深度和广度，也反映了一个社会的整体科技发展水平。科学技术具备三重含义：首先，它是对客观世界规律的认识；其次，它构成了不同学科之间相互联系、相互作用的综合体系；最后，它是由政府、企业、高校和社会共同参与的社会活动，反映了一个国家的科技实力和发展潜力。正确理解和把握科学技术的多重属性，对于促进科学的健康发展、推动技术创新，以及应对经济全球化挑战至关重要。它要求我们不仅重视科学知识的积累和创新，还要关注科技活动的社会实践和伦理责任，确保科技进步的同时，促进社会公正与环境的可持续发展。

① 中共中央马克思恩格斯列宁斯大林著作编译局．马克思恩格斯选集[M]．北京：人民出版社，2012：865.

（二）科学与技术的辩证统一

科学与技术的关系在历史的长河中表现出了复杂的辩证关系，展现了从对立到统一的转变。科学的起点可以追溯到古希腊时期，当时的科学更多依赖理性思维和哲学推理，重在追求知识的确定性及人的理性自由。随着时代的演进，尤其是进入近代之后，西方世界继承并发扬了古希腊的科学精神，自然科学获得了显著的发展，形成了现代科学的基本框架。技术的发展历程则与人类早期的劳动实践紧密相关，技术的进步一直是推动人类社会发展的基本动力。技术发展的每一个阶段都与人类解决生产和生活中的实际需求相结合，从简单工具的使用到复杂机械的构建，技术的进步促进了社会生产力的提高。

科学和技术在发展过程中逐渐由最初的独立状态，向着彼此依存和互相促进的方向演化。在生产力水平较低的社会，科学侧重于理论的构建和思维的推理，而技术更多依赖技能和经验的积累，二者是独立发展的。然而，随着社会的进步和生产力的提高，科学与技术开始出现深度交融和相互促进。科学的发展为新技术的产生提供了理论基础，而技术的创新又不断拓展科学研究的边界，两者之间的界限逐渐模糊。具体来看，科学的许多分支领域，如物理学和化学，都依赖相关的实验技术来验证理论并推动理论的进一步发展。同时，许多技术创新，如射电望远镜，不仅推动了技术本身的进步，也催生了新的科学分支——射电天文学。这种从技术到科学，再从科学到技术的相互作用，表明现代科学与技术已成为不可分割的整体，它们相互依存，共同推动人类社会的进步。

总之，科学与技术的关系是动态发展的，它们相互作用、相互融合，共同构成了推动人类文明前进的核心力量。正确理解二者关系，对于科技政策的制定、科研教育的实施以及未来科技创新的发展具有重要的指导意义。

（三）科技革命是推动高职院校发展的动力

科技革命不仅是历史上推动社会结构和经济体制变革的关键因素，更在现代教育体系，尤其是高等教育的发展中扮演着至关重要的角色。每一次科技革命的浪潮都深刻影响了高职院校的教育模式、研究方向和社会服务功能，推动着高职院校不断适应时代的发展。从历史角度看，科技进步直接催生了资本主义社会的兴起和发展，打破了封建制度的束缚，为市场经济的形成提供了技术基础。反过来，资本主义社会的进一步发展又推动了科技革命的深化。马克思和恩格斯在《德意志意识形态》中指出，生产方式和社会结构的变化是由生产活动中的科学技术创新引起的，这些创新改变了人们的生产活动、生活方式及其社会、政治关系。马克斯·韦伯（Max Weber）的理性概念进一步阐明了科技革命的双重性：一方面，科技作为一种工具理性，极大地推动了人类生产力的发展，实现了前所未有的经济成就；另一方面，这种工具理性的过度强调忽略了科技发展的价值理性，即科技应服务于人类福祉的根本目标，而非仅仅成为市场经济的工具。[①] 在这种背景下，高职院校作为知识和创新的重要源泉，要更好地整合其教育、研究和社会服务的功能，以适应科技快速发展的需求。这不仅包括培养符合市场和技术前沿需求的人才，更要在教育过程中注重科技的价值理性，培育学生的批判性思维和创新能力，确保科技进步的同时，社会也得以进步。

因此，在科技革命的推动下，高职院校必须不断地调整教育与研究策略，强化与社会实际需求的联系，同时要引导学生和社会正确理解和利用科技，以科技为手段改善人类生活，推动社会的全面和谐发展。

二、高职院校科研服务的社会价值

科学技术是推动社会变迁的关键因素，每一次重大的科技突破都能引发深刻的社会变革。深入探讨科技对人类社会变迁的影响，有助于更好地理解社会文明的发展进程。人才培养和科学研究是高职院校的两大重要职能。人才培养主要体现在培养科技人才上，科学研究则反映在提高科研水

① 韦伯．经济与社会：上卷[M]．林荣远，译．北京：商务印书馆，1997：56.

平上。而高职院校的社会服务能力则综合体现了高职院校的各项职能。具体来说，高职院校科研服务的社会价值主要有以下几点（如图 4–1 所示）。

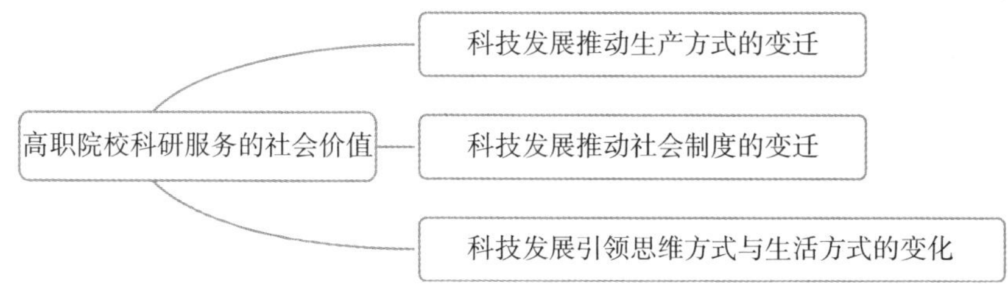

图 4–1　高职院校科研服务的社会价值

（一）科技发展推动生产方式的变迁

科学技术在推动社会生产方式变迁中的作用主要体现在对生产力和生产关系的影响上。在生产力方面，科学技术不断提高劳动者的素质，改进生产工具。一般来说，劳动者的综合素质越高，生产工具越先进，在社会生产中发挥的作用就越大。在生产关系方面，科技发展不仅改造了原有产业，还推动了新产业的形成，并使劳动方式发生了质的变化。蒸汽技术和电力技术的应用，使机器部分取代了人类的体力劳动；计算机的广泛使用，使机器部分取代了人类的脑力劳动，从而引发了劳动方式的质变。互联网和电子信息技术的普及，改变了传统产业，同时催生了许多新业态，形成了线上线下一体化的新格局。如今，人类已经进入了大数据时代，万物皆可数据化，数据成为社会中最重要的资源之一，并成为推动社会发展的关键驱动力。数字经济、数字城市、数字文化等新概念应运而生，体现了数据在社会发展中的重要作用。

科技发展对生产方式的变革不仅体现在具体的技术应用上，还体现在整体的生产组织形式上。随着科技的进步，生产方式从传统的手工劳动逐步转向机械化、自动化和智能化。过去，生产活动主要依赖人力和简单工具，而现代科技的发展使得复杂的机械设备和智能系统成为生产的主要工具，提高了生产效率，减少了人力消耗，优化了资源配置。此外，科技发展还提高了生产方式的灵活性和多样性。以互联网为代表的信息技术打破了时空限制，使得生产活动可以更加灵活地组织和调度。例如，电子商务的兴起使得企业能够通过网络直接面向全球市场进行生产和销售，极大地拓展了生产和消费的边界。

科技不仅改变了生产方式，也深刻影响了生产关系。随着科技的进步，生产组织形式更加多样化，企业内部和企业之间的协作关系也发生了变化。传统的生产关系更多依赖固定的劳动分工和层级管理，而现代生产关系则趋向于网络化和扁平化管理，强调团队协作和知识共享。这种变化不仅提高了生产效率，也促进了创新和创造力的发挥。

总的来说，科技发展对生产方式的变迁起到了关键作用。它不仅提高了生产力，改变了劳动方式，还重塑了生产关系和生产组织形式。通过不断推进科技创新，人类社会将继续实现生产方式的不断变革和进步。科技革命不仅是技术的革命，也是生产方式和社会关系的深刻变革，推动着人类社会向更加智能化、高效化和可持续发展的方向前进。

（二）科技发展推动社会制度的变迁

科学技术已成为衡量社会发展形态的重要标准之一。从社会技术体系的角度看，社会形态可以分为农业社会、工业社会和后工业社会三个阶段。金属工具特别是铁器的出现，为农业文明的发展奠定了物质基础。手工技术水平的提高和生产工具的改进，促使复杂机械出现，推动了农业社会的进一步发展。随着机器逐渐取代手工工具，人类进入了工业社会，摆脱了手工劳动，工业在经济中占据主导地位。在后工业社会，以电子信息技术为核心开辟了信息化时代，人类社会的信息处理方式发生了巨变，从根本上改变了社会结构。

科学技术对社会制度和结构变迁的重要影响体现在社会权力结构向重视知识的方向迁移，知识经济日益成为社会的主角。科学技术革命及其带来的权力结构变迁，将促进社会结构的变迁，如社会管理方式正发生深刻变化。科学技术作为第一生产力，是社会的根本和基石，而制度作为重要的上层建筑之一，必然受到生产力水平的限制。随着科技革命的推进，新制度必然产生，旧制度必将消亡。科学技术的发展不仅影响着生产方式，也深刻影响着社会制度和结构的变迁。在农业社会，社会制度主要围绕土地和农业生产展开，权力集中于土地所有者和贵族阶层。随着工业社会的到来，工厂和机械生产取代了农业成为主要的经济活动，社会制度逐渐向工业资本主义过渡，权力从地主阶级转移到工业资本家手中。在后工业社会，电子信息技术成为核心，信息处理和知识生产成为社会的主要活动。知识经济的崛起使得知识工作者和信息技术专家获得了更高的社会地位，权力结构发生了显著变化，社会管理方式也逐渐向信息化和智能化转变。

科学技术革命不仅改变了社会的经济基础，也推动了社会制度的革新。以互联网和大数据为代表的新技术改变了传统的社会管理模式，带来了新的治理结构和治理方式。例如，数字化治理和智能化管理逐渐成为社会管理的新趋势，信息技术在社会治理中的应用大大提高了管理效率和透明度。科学技术革命还带来了社会制度的不断创新。新的科技成果不断涌现，推动了社会制度的变迁和发展。例如，电子政务的普及使得政府管理更加高效透明，智慧城市的建设提升了城市管理的智能化水平，推动了社会制度的现代化进程。与此同时，科学技术革命也面临着社会制度方面的挑战和问题。新技术的应用虽然提高了社会生产力，但也带来了新的社会问题和矛盾。例如，信息技术的广泛应用带来了隐私保护和数据安全的问题，人工智能的发展引发了人们对就业和劳动关系的担忧。这些问题需要通过制度创新和社会治理的改进来解决。

总的来说，科技发展对社会制度的变迁起到了关键作用。科学技术的进步不仅推动了生产方式的变革，也深刻影响了社会制度和权力结构的变化。通过不断推进科技创新和制度创新，人类社会将继续实现社会制度的不断变迁和进步。科技革命不仅是技术的革命，也是社会制度和社会结构的深刻变革，推动着人类社会向更加智能化、高效化和可持续发展的方向前进。

（三）科技发展引领思维方式与生活方式的变化

科学技术的发展对人类思维方式和社会价值观的变迁有着深远的影响。哈维用机械术语和原理来描述血液的运动，其血液循环理论就是运用机械力学方法研究生理学的成果。在牛顿建立并成功推广经典力学之后，机械论的思维方式也随之确立。19世纪，随着细胞学说、生物进化论和能量守恒与转化定律的提出，辩证自然观逐渐形成。这一时期，达尔文的生物进化论，特别是“适者生存，优胜劣汰”的观点，对社会价值观念产生了深远的影响，使人们开始重新审视人与自然、人与社会的关系。20世纪以来，随着生态文明建设和可持续发展理念的兴起，人们的思维方式逐步向系统性、开放性和动态性的方向转变。人们开始认识到，社会的发展必须与自然环境相协调，必须重视资源的可持续利用和生态环境的保护。这种新的思维方式促使人们在科学研究和技术应用中，也更加关注生态平衡和可持续发展。与此同时，科学技术的发展也对传统伦理观念提出了新的挑战。基因编辑技术、克隆技术和人工智能的快速发展，不仅带来了新的技术革命，也引发了许多伦理道德问题。例如，基因编辑技术的应用，使人们对生命的本质和人的自主性产生了新的思考；克隆技术的出现，引发了关于人类复制和伦理道德的激烈争论；人工智能的发展，则提出了关于机器与人类关系、人工智能伦理等一系列新问题。这些新的科技成果和技术应用不仅改变了人们的生活方式，也促使人们重新思考人与自然、人与社会、人与技术之间的关系。科技发展带来的伦理道德问题，引发了人类对未来技术发展的广泛讨论和深刻反思。

第三节　高职院校社会服务的理性思考

新时期，高职院校通过深化科技与经济、文化及生态的融合，推动新技术、新产业和新业态的发展，拓展人才培养和科研职能，直接支撑着人类社会的发展。进入知识经济时代，随着高等教育大众化进程的推进和科学技术的发展，高职院校的社会服务功能得到了显著的体现。在这一过程中，高职院校通过提供先进的知识和技术支持，为社会的创新和进步做出了重要贡献。

一、高职院校社会服务的价值追求

推进高职院校社会服务工作，不仅要体现高职院校在硬件方面的“硬服务”，还要彰显新时代高职院校在软实力方面的“软服务”。除了深入开展高等教育和科技体制改革、建立有效的运行机制外，还需要从经济和社会整体层面完善法律和管理制度。通常，高职院校需要与社会、企业、政府和社区等各方面进行互动与合作，才能全面发挥其服务社会的职能。

（一）加快高职院校科技成果转移与转化

高职院校科技成果的快速转移和转化至关重要，直接影响着高职院校对经济社会发展的服务质量。自 20 世纪 60 年代以来，随着科技转移与成果转化理论的引入和逐步成熟，中国高校已开始积极探索如何有效整合这些理论与实践。近年来，国家通过制定有利于科技成果转化的政策环境，进一步推动了高职院校在这一领域的活动。

为了加速科技成果从理论到实践的转换，高职院校已开始整合现有的成果转化机构，创建专业的知识产权管理和运营机构，完善了科技成果的登记、公示和奖励制度，同时加强了与企业之间的人才流动，以促进科技成果的市场化。这些措施有助于强化高职院校科技成果的转移和转化。目前，高职院校正通过整合内外部资源，包括政府、工业、学术、研究和应用领域的资源，逐渐转型为新型的产业技术创新中心。这些中心主要负责共性技术研发、技术咨询服务、科技成果转化、人才培养和创业孵化等。

随着我国改革的不断深化，高职院校亟须以市场为导向，开发新的科技创新融资模式，完善资金筹措、市场对接和技术保障策略，建立起科技成果的市场化运营体系。这一系列策略将使高职院校不仅在学术上保持领先，也在商业化和技术转化上发挥重要作用，从而更好地服务于国家的经济发展和社会进步。

（二）提升高职院校支持社会发展的支撑力

高职院校作为社会发展的核心引擎，扮演着推动经济社会发展方式转变的重要角色。为了加强这一功能，高职院校需要与科研院所和社会企业加强创新合作，积极参与构建现代产业体系、生产体系和经营体系，从而增强对我国现代化建设的支撑能力。提升高职院校支持社会发展的支撑力可从以下几个方面入手（如图 4-2 所示）。

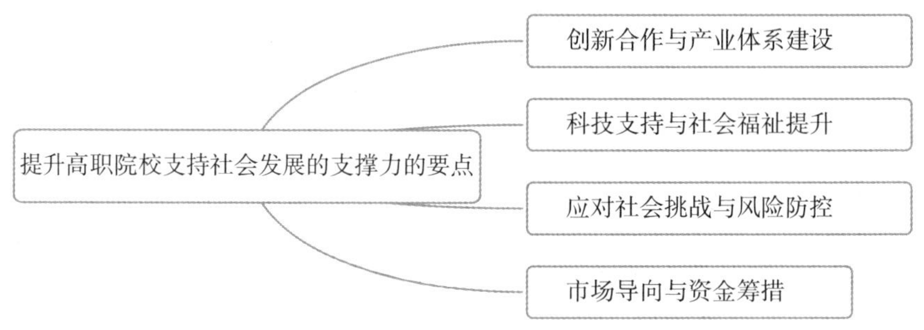

图 4-2　提升高职院校支持社会发展的支撑力

1. 创新合作与产业体系建设

高职院校作为知识创新的核心，拥有在人才培养、科学研究、社会服务及文化传承等方面的综合能力，是推动社会经济发展的重要力量。为了更好地发挥这一作用，高职院校需要构建一个涵盖政府、产业、学术、研究与实际应用的全新合作模式。这种模式重视产学研的紧密结合，以企业需求和市场动向为导向，旨在支持经济的高质量发展。在这一框架下，高职院校通过与企业的直接合作，可以更加深入地参与到新技术的研发和实际应用过程中。这种合作不仅限于技术开发，还应扩展到新产品的设计与试验，确保科研活动与市场需求高度一致。同时，通过企业参与课程设计和实习项目，高职院校可以为学生提供实践机会，增强其就业竞争力，使他们更好地适应未来职场的需求。此外，高职院校应建立一个开放的产学研合作平台，集聚来自高校、企业、研究机构的资源和智力。这一平台不仅是技术交流的场所，也是资源共享和问题解决的集合点，可以通过定期的研讨会、工作坊及联合研究项目来实现。通过这种方式，高职院校可以加强与各行各业的联系，使科技成果更快转化为实际的产业技术，从而促进科技创新和产业升级。

为了保证科研活动的市场导向，高职院校的研究与开发团队还需要深入了解行业趋势和企业需求。引入市场分析师和行业专家作为顾问，可以帮助高职院校更准确地定位研究方向，提高科研的应用价值和转化率。同时，高职院校应积极推动科技成果的商业化过程，通过建立创新孵化器和技术转移办公室，为校内外创新团队提供必要的支持，如资金、设备、法律和市场推广等。在推动科技创新的同时，高职院校应继续发挥自身在文化传承和社会服务方面的作用。通过举办公开课程、展览、讲座等活动，将科技与文化紧密结合，不仅可以提升公众的科学素养和文化水平，还能强化高职院校在社会发展中的多元作用。

2. 科技支持与社会福祉提升

科技支持与社会福祉提升是高职院校在服务社会方面的重要职责。高职院校应该利用自身丰富的学科资源，以社会需求为导向，积极增进民生福祉，增强全民的幸福感。

在医学领域，医学高职院校拥有与临床医疗紧密结合的独特优势。这使得它们能够在研究重大慢性疾病和老龄化问题上发挥关键作用。通过推动医学技术的创新，这些高职院校不仅可以提高医疗保障的质量和效率，还能够为改善公共卫生系统提供科技支持。农业高职院校可以通过建立示范试验基地和特色产业基地来发挥作用。这些基地不仅是新农业技术的试验场，也是推广现代农业知识和技术的窗口。通过这种方式，农业高职院校可以直接支持国家的精准扶贫政策，促进农村地区生产力的提升和经济条件的改善，最终实现区域内的共同富裕。此外，高职院校还可以通过自身的科研活动对接社会的多样需求，为解决社会问题提供科学依据和技术支持。

3. 市场导向与资金筹措

在追求科研成果转化与提升经济效益的过程中，高职院校需要采取市场导向的策略，创新资金筹措的方式，以及完善与市场对接的方法。这不仅涉及传统的政府资助和企业资金投入，还包括利用科技创新债券、众筹等新型金融工具来拓宽资金来源。

为有效实现科研成果的市场化，高职院校必须与市场需求保持同步，积极探索与市场紧密结合的创新融资模式。例如，通过发行科技创新债券，高职院校可以吸引那些对科技发展有长期投资意愿的投资者，为研究项目提供稳定的资金支持。同时，利用众筹平台动员社会公众对具有潜在社会影响力的项目的资金支持，这不仅能拓宽资金来源，还能提高项目的社会认知度。此外，高职院校还应加强与企业的合作，通过产学研合作项目，直接对接市场需求，使科技成果更快地转化为实际产品或服务，同时为高职院校带来经济效益。此种模式不仅可以为高职院校带来直接的资金注入，还可以通过专利权、技术许可等形式，持续获取收益。在资金筹措方面，高职院校还需优化内部资源分配，确保资源能够集中支持有潜力的研究方向和项目。通过建立更为精细的预算和资金管理系统，高职院校能更有效地使用每一笔资金，提升资金使用的透明度和效率。这些策略不仅能增强高校的经济实力、提高其在科研和技术市场上的影响力，还能使其更好地响应市场变化，促进科研成果的商业化，从而在全球科技创新的竞争中占据有利地位，为高职院校未来的发展奠定坚实的经济基础。

总之，高职院校在新时代下承担着多重职责，其科研成果的转化不仅有助于学术界的发展，更直接支撑着社会和经济的进步。通过上述措施的实施，高职院校可以更好地服务社会，为国家的持续发展贡献力量。

（三）提高高职院校服务大学生创新创业的能力

在当前的教育和经济环境中，高职院校有责任培养学生的创新和创业能力。为响应建设创新型国家的发展战略，高职院校可以通过多种途径拓展其服务功能，具体可以从以下几个方面进行（如图 4-3 所示）。

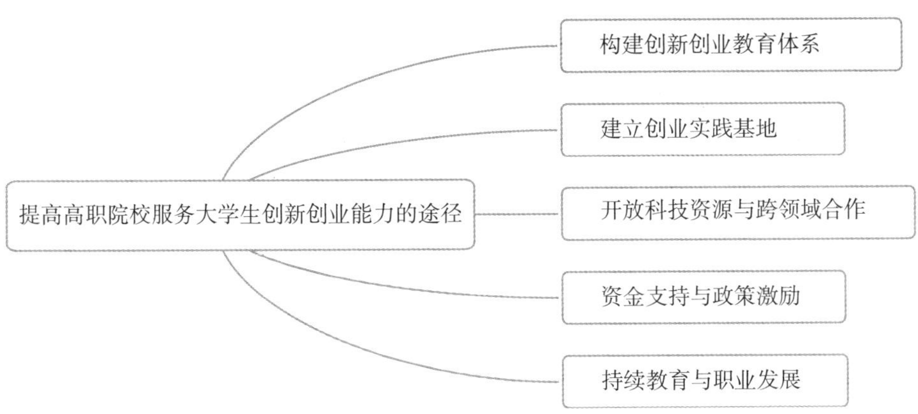

图 4-3　提高高职院校服务大学生创新创业能力的途径

1. 构建创新创业教育体系

高职院校应充分发挥自身的学科多样性和技术优势，构建具有高度包容性和跨学科特性的创新创业教育框架。为此，高职院校可以设计并实施一系列相关课程，包括创业管理、创新理念及其应用技术等。结合实体授课与在线资源，为学生提供全面的学习体验；通过定期举办研讨会、实践工作坊及案例分析研究会，有效提升学生的实际操作技能及理论认知水平。

在这一教育体系的构建中，高职院校应确保课程内容与市场需求紧密对接，注重理论与实践的结合。课程设计应包括从基础理论到高级应用的逐层深入，同时引入行业专家和企业家作为客座讲师或导师，他们的实战经验将极大丰富学生的学习内容，使学生接触到最前沿的市场动态与创新技术。此外，高职院校还应致力于营造开放的学习环境，鼓励学生跨学科交流与合作，以促进不同专业知识的融合。这不仅有助于学生拓宽视野，还能激发他们的创新思维与创业精神。为了进一步提升教育体系的实效性，高职院校还应建立创新实验室、创业孵化器等，为学生提供实际操作的平台。这些平台不仅可以作为学生尝试将创意转化为实际产品的实验场所，也是他们提高团队合作能力和项目管理能力的重要场所。

2. 建立创业实践基地

为了支持学生的创业活动并减轻其初始投资的负担，高职院校可以在校园内部或其附近区域建立专门的创业实践基地。基地包括多功能的共创空间、虚拟创新社区以及专业的科技园区，提供必要的技术资源和共享服务，使学生能够将学到的理论知识应用于实际创业实践中。这些创业实践基地旨在促进学生创新思维的实际应用，为其提供一个实验和实施新想法的平台。基地内的设施能支持各种创业活动，从软件开发到产品原型制作，都有相应的技术支持和设备。此外，这些基地还充当社交枢纽，学生可以在此与经验丰富的企业家、潜在的投资者以及其他志同道合的创业者进行交流和合作，这对于建立一个有效的业务网络至关重要。为了增强基地的功能，高职院校可以引入行业专家定期举办讲座和工作坊，这不仅能够为学生提供行业见解，还可以帮助学生获得关于市场趋势和技术发展的第一手信息。此外，通过组织创业比赛和挑战活动，基地还可以激励学生将创意推向市场，这些活动往往能吸引外部资本的注意，为学生的项目提供资金和其他资源的支持。

基地不仅降低了学生创业的门槛，还能帮助学生通过实际操作验证和完善商业模型。这种实践经验是极其宝贵的，它不仅加深了学生对专业知识的理解，也为他们未来的职业生涯或创业活动奠定了坚实的基础。

3. 开放科技资源与跨领域合作

高职院校应开放其科技资源，如先进的实验室、研究中心以及基础设施等，让学生可以在真实的项目中应用这些资源，从而显著提高他们解决问题的能力和实践经验。此外，高职院校应着力构建跨学科的科研和教学团队，促进不同领域之间的知识和技术交流，为解决当代社会面临的挑战提供多角度的思考和解决方案。通过这种策略，高职院校可以打造一个开放和协作的学术环境，使学生能够在科研项目中利用多样化的设施和技术，增强其科研能力和创新潜力。

此类跨学科团队不仅能够促进学生在学术上的成长，也可以培养他们在团队中的工作能力和沟通能力，这对于学生的未来职业生涯是极为重要的。同时，也为高职院校带来了进一步与业界合作的机会，助力将学术研究转化为实际应用，增强研究成果的社会和经济影响力。

4. 资金支持与政策激励

为帮助学生克服创业初期的资金困难，高职院校可以采用“一校一策”的策略设立专门的创新创业支持基金，为学生提供初始的种子资金，帮助他们将创新想法转化为商业项目。对于基金的使用，高职院校应通过定期的评审和反馈加强管理，由教师、行业专家和投资人共同评估项目的可行性和市场潜力，为学生提供实战中的学习机会。

同时，高职院校应通过组织知识产权讲座和工作坊，增强学生对知识产权重要性的认识，并教导他们有效地管理和商业化这些资产。这不仅有助于保护学生的创意和技术，也有助于提升其在市场上的独特性和竞争力。此外，高职院校应积极鼓励学生利用和保护自己的知识产权，通过提供专利申请支持和市场分析服务，帮助学生增强其项目的市场竞争力和商业潜力。高职院校还应激励学生探索多种融资途径，如天使投资、风险投资等，以及学习如何与这些金融机构进行有效的沟通和合作，帮助学生获得更广泛的资金支持，为他们的创业项目奠定更坚实的资金基础。

通过资金支持和政策激励措施，高职院校不仅可以帮助学生解决启动资金问题，还可以培养他们的商业意识和创业精神，从而为学生未来的职业生涯和创业成功打下坚实的基础。这种系统的支持将极大地提高学生的创新能力，加速知识和技术的商业化过程。

5. 持续教育与职业发展

高职院校在支持学生创业的同时，应提供持续的职业教育和发展机会，帮助学生适应不断变化的市场环境并在职业生涯中取得进步。为此，高职院校可以定期举办职业发展讲座、提供职业规划咨询服务以及开设有针对性的技能培训课程。通过这些活动，学生不仅能够学到最新的行业知识，还能在专家的指导下制定和调整个人的职业规划。同时，高职院校应提供专业的职业规划咨询服务，帮助学生识别自己的职业兴趣和潜能，制定实现职业目标的计划和步骤。这些咨询服务应覆盖不同阶段的职业规划，从初入职场的策略到中期职业转换的建议。技能培训则是职业教育的另一个重要组成部分，高职院校应根据市场需求提供相应的技能培训课程，如数字技能、领导力培训、创新思维等。这些课程应设计得更为模块化和灵活化，以便学生可以根据自己的时间和需要选择合适的模块进行学习。

通过这种综合性的教育支持，学生能够不断地更新知识和技能，增强应对职场挑战的能力。这不仅有助于他们在创业过程中取得成功，也为他们的长期职业发展奠定了坚实的基础，从而确保毕业生能在激烈的职场竞争中保持竞争力，并能够有效地适应行业的快速变化。

三、高职院校社会服务的价值取向

高职院校在当今市场经济中扮演着日益重要的角色，逐渐从经济社会的边缘移向中心，成为知识经济发展的关键支撑点。知识经济，即基于知识的经济体系，是一场以知识创造、传播、应用和转化为核心的价值革命。它不仅改变了经济的本质和结构，也使得高职院校成为人才的集散地、知识的储备库、思想的发源地和产业的孵化场所。在知识经济时代，我们见证了经济活动的知识化和知识活动的经济化双重趋势。科技进步不断深入传统产业，提高了传统产业的知识含量，推动了传统产业的升级和转型。这一转变表现为从以资本和劳动力为主的工农业生产方式，向知识密集型的生产方式转变。随着经济结构中知识成分的增加，经济的增长和财富的创造逐渐开始依赖知识的投入而非单纯的物质资源。因此，高职院校通过教育和研究活动，不仅培养了需要的专业人才，也推动了科学研究和技术发展，为知识经济的繁荣做出了不可替代的贡献。

具体来说，高职院校社会服务的价值取向主要体现在以下几个方面（如图 4–4 所示）。

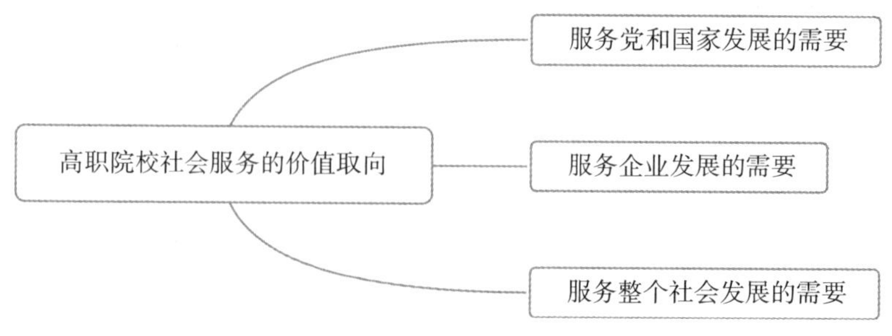

图 4–4　高职院校社会服务的价值取向

（一）服务党和国家发展的需要

人类的价值体系中存在多种值得追求的价值，这些价值不可互相转换，也没有统一的衡量标准。这些价值并非仅作为达到某个上层价值的手段存在。功利主义的创始人杰里米·边沁（Jeremy Bentham）提出，所有有价值的事物都可以通过其带给人们的快乐量来衡量，这一观点是基于价值一元论，即所有价值最终可归结为“快乐”。约翰·斯图尔特·密尔（John Stuart Mill）在其著作《功利主义》中指出，人们评价事物时通常会考虑质量和数量两个方面，但在评价快乐时却往往只考虑数量，这是不合理的。

科学成就虽然属于全人类的共同财富，但科学家的行为和言论却深受其成长背景和文化环境的影响。这一点在每位科学家面对特定情况时的行动和表达中表现得尤为明显。在新时代，高职院校需要深入了解全球科技发展趋势，并结合国家的发展战略及经济社会需求，科学地制定科技发展战略目标和具有前瞻性的研究方向。通过这种方式，高职院校能够为国家提供高质量的科技战略建议和报告，有效发挥其智库的作用。同时，高职院校应在国际科研前沿、国家战略需求以及国民经济发展等方面加强自信，树立科学研究的理论自信和制度自信。这种自信将帮助高校在推动国家向科技强国和创新型国家转变的过程中提供有力支持，为实现这一目标做出持续的努力。

（二）服务企业发展的需要

企业在市场经济中扮演着核心角色，而高职院校通过加强创新能力的建设，不断增强对企业特别是民营企业的服务能力。我国实施的是以公有制为主体、多种所有制经济共存的经济体制，国有企业是国民经济的骨干，民营企业则是社会主义市场经济的重要支柱，优化高职院校服务于民营企业的能力，在当前社会主义市场经济中显得尤为重要。高职院校与企业之间的技术合作是高职院校提供社会服务的关键方面之一。在日常的生产与经营活动中，企业经常面临技术难题，需要专业知识的支持来寻找解决方案。高职院校拥有众多专业技术人才，他们可以在这一领域发挥重要作用。

通过建立一个促进教师与企业之间技术合作的平台，高职院校不仅可以加强教师与企业的互动和合作，还能通过签订合作合同或协议来确立产学合作关系。在这种合作模式下，企业通常会提出在生产过程中遇到的具体技术难题或者开发新产品、新技术的需求，高职院校则提供必要的智力支持来应对这些挑战。通过这种方式，高职院校不仅可以获得研究经费，支持自身的发展，还能将学术研究转化为实际的生产力。

（三）服务整个社会发展的需要

提升社会文明的程度与提高个人的文明素养有着直接联系，而高职院校同样担负着培养符合社会需求的人才的重要使命，这也是其服务社会的关键表现之一。

1.为社会提供信息咨询服务

在知识经济时代，信息成为关键的生产力，高职院校扮演着为地方政府、企业和社区提供专业信息咨询服务的重要角色。

高职院校通过与政府部门、地方企业和社区建立密切的合作关系，能够实时了解这些机构在不同阶段的信息需求。这种合作通常涉及将高职院校内部的专家、教师以及能力较强的学生组成专门的工作团队，使用科学严谨的研究方法来执行各类咨询项目。例如，这些团队可能会参与地区的经济发展战略规划、新政策的效果评估或是为解决社区具体问题提供科学对策等。此外，高职院校的咨询服务不仅限于策略建议，还可能涉及技术创新和商业模式的优化。通过这种方式将理论知识和研究成果转化为实际的应用，有效促进地方经济创新和竞争力的提升。高职院校在提供这些咨询服务时，不仅可以加深学校与社会的联系，也能为学生提供实际参与社会服务的机会，有助于学生能力的提升和职业发展。通过这些活动，学生能够将课堂上学到的理论知识与现实世界中的复杂问题直接关联，提高解决实际问题的能力。

2.将高职院校的资源向社会开放

在当今信息化和知识经济的时代背景下，高职院校作为知识与创新的重要源泉，正逐步将其丰富的教育和研究资源向社会开放，以促进知识共享和社会进步。这种开放不仅包括传统的教育资源，也涵盖了高职院校的物理设施和新兴的数字资产，旨在提高公众的整体教育水平和生活质量，同时加强了高职院校与社会的互动与合作。具体来说，高职院校可以通过多种方式实现资源的社会化开放。首先，将实用型课程转化为数字化教学资源并在线提供，使得更广泛的公众能够通过互联网随时随地进行学习，这不仅使知识传播更为广泛，也让终身学习成为可能。其次，高职院校定期举办各类公开讲座，覆盖从科学技术到人文艺术的各个领域，这些讲座免费对外开放，为社会公众提供了提升个人素养和专业技能的机会。此外，高职院校的物理设施，如实践基地、体育馆等也可以对外开放，为社区成员提供便利的学习和锻炼场所，丰富居民的文化生活，增进居民健康。

3. 加快高校技术成果转化

在当前经济发展的背景下，高职院校的技术成果转化可以大大推动我国的科技创新和经济增长。为了加速这一过程，高职院校、企业及科研机构通常会在政府、金融机构和科技服务机构的支持下，基于互补优势和共享利益的原则，建立产学研合作模式。这种合作不仅涵盖了新技术的研发和应用，还包括人才培养、共享设施设备以及信息资源共享等方面，旨在集合各方力量加快技术创新与应用，进而促进社会经济的全面发展。有效的产学研合作机制是确保高职院校技术成果顺利转化的基石。通过建立一套合理的规则和操作机制，确保各参与方的利益得到平衡和保障，可以极大地提高技术研发的效率以及加快成果的市场应用速度。此外，政府在这一过程中扮演着极其重要的角色，不仅提供了政策支持和资金扶持，还为合作各方提供了必要的协调和服务，以确保合作的顺畅进行。高职院校在这一合作模式中，通过将研究成果与企业的实际需求相结合，不仅加速了科技成果的市场转化，还为企业的创新发展注入了新的动力。同时，这种合作也为高校带来了教育教学的创新，如实际案例的引入和问题解决方案的研讨极大地丰富了教育内容，提升了学生的实践能力和创新思维能力。

在新时代背景下，高职院校社会服务的探索是推动其持续发展的关键路径。这不仅是因为时代赋予了高职院校新的使命和内涵，而且是因为高职院校面临着前所未有的挑战和改革需求。从工具理性和价值理性的统一视角来看，高职院校的社会服务角色具有双重意义。从工具理性的角度看，高职院校的社会服务应当紧密结合当前社会的发展现状和未来趋势，通过其独有的功能和能力，引领并推动社会的深刻变革。这包括技术创新、经济转型以及解决社会问题等方面，高职院校需发挥其作为知识和技术源泉的作用。从价值理性的角度看，高职院校有责任继续在知识创新、传播和人才培养方面发挥核心作用。高职院校不仅要培养具有专业技能的人才，更要注重对学生人文素养和创造力的培育，使其适应未来社会的复杂需求。

在新时期，高职院校要融合工具理性与价值理性的发展理念，充分发挥自身在认识未知、探求真理以及解决人类面临的重大问题中的前沿作用。高职院校应成为连接过去和未来的桥梁，不仅推动知识创新和科技成果的实际应用，加速其向实际生产力的转化，而且直接参与到经济和社会活动中，为国家的持续发展提供动力。此外，高职院校还应承担起文化传承和国际交流的责任，成为本民族文化与全球文明交流互鉴的重要平台。

第五章　高职院校社会服务能力评价体系的构建

第一节　构建高职院校社会服务能力评价体系的意义

构建高职院校社会服务能力评价体系具有重要的战略意义，不仅有助于系统地识别和评估高职院校在社会服务方面的表现和效果，也是推动高职院校社会服务能力持续改进和优化的重要工具。通过这一评价体系，高职院校可以更好地对接社会需求，明确自身在社会服务中的优势和不足，从而提出具体的改进措施。此外，该体系还能促进高职院校在教育质量、人才培养、科技创新与应用等方面与社会需求有效对接，加强与地方经济和社会发展的协同，显著提高服务社会的能力和水平。这种评价体系的建立，最终将推动高职院校成为支撑地方发展的关键力量，提升其社会服务的实际影响力和贡献度。

具体来说，构建高职院校社会服务能力评价体系的意义主要体现在以下几个方面（如图 5-1 所示）。

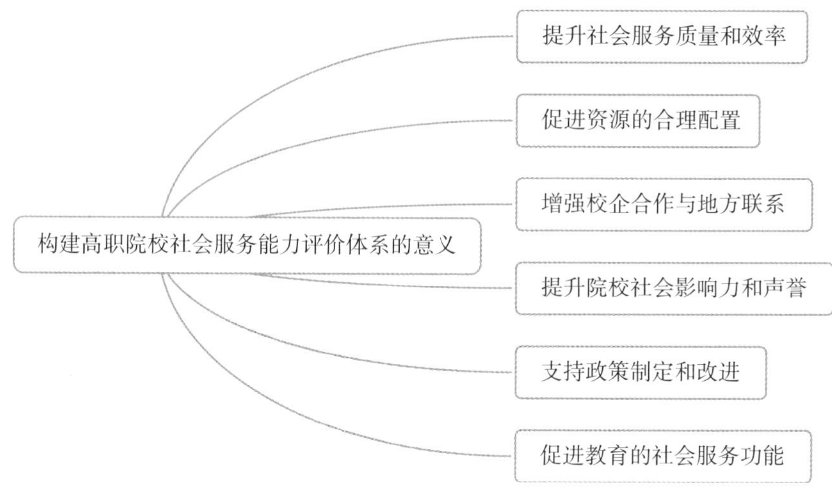

图 5-1 构建高职院校社会服务能力评价体系的意义

一、提升社会服务质量和效率

在当代教育领域，高职院校扮演着至关重要的角色，特别是在为社会提供专业技术人才和服务方面。为了确保这些服务能够有效地满足社会和经济发展的需求，建立一个科学的评价体系显得尤为重要。这一体系能够帮助高职院校准确衡量并不断提高其社会服务的质量和效率。

第一，评价体系促使高职院校能够定期进行自我审视和评估，明确自身在提供社会服务过程中的强项和短板。通过收集反馈和进行数据分析，院校可以详细了解其服务项目在实施中的有效性和受众满意度，从而对服务策略进行必要的调整和优化。例如，院校可能发现需要加强与地方企业的合作，或者加快技术支持服务的响应速度和提高解决方案的实用性。

第二，评价体系促使高职院校持续追求服务质量的提升。通过设置具体的服务质量标准和绩效目标，高职院校不仅可以确保服务过程的标准化和规范化，还能够激励教职工和管理团队创新服务模式，提高服务的整体效能。这种持续的质量提升不仅增强了院校的社会影响力，也有助于提升其在教育行业中的竞争力。

第三，评价体系的建立和实施还带来了透明度和可持续性的提升。通过公开服务质量的评估结果，高职院校能够向社会各界展示其服务的实际效果和成就，提高公众的信任度和支持度。同时，这为院校吸引更多的资源投入，如政府资助、企业合作和社会资本等提供了有力的支持。

综上所述，科学的评价体系对高职院校来说是提升社会服务质量和效率的关键工具。通过这一体系的建立和完善，高职院校不仅能够提高自身服务的实际成效，也能够为自身的长期发展和社会责任的履行奠定坚实的基础。这将使高职院校在为社会培养高素质技术人才和推动社会进步方面发挥更大的作用。

二、促进资源的合理配置

在教育资源管理中，建立一个有效的评价体系能确保资源可以被合理配置，以提高教育和社会服务的整体效能。通过评估社会服务项目的具体成效，高职院校能够明确资源配置的优先方向，从而确保教育和服务活动能根据实际需求和效果进行相应的调整。评价体系提供的数据和分析结果使得高职院校能够精确判断哪些服务项目最有效，哪些需要进行进一步的资源投入或改进。这种数据驱动的资源管理策略使得有限的资源能够支持最具创新性和潜在社会影响力的项目，从而最大化资源的社会价值。同时，评价结果的反馈使高职院校可以动态地优化资源分配，重点投入人才培养、科研合作以及社区服务等关键领域。这种灵活而精准的资源调配不仅提升了教育服务的质量，也加强了院校在地方经济和社会发展中的作用。通过实施这一评价体系，高职院校还能够持续改进自身的服务策略，响应教育政策的更新，并更好地适应外部环境的变化。这种持续的自我优化进程是高职院校实现其教育使命和社会责任的关键。

综上所述，科学的评价体系不仅提高了高职院校社会服务的效果，还通过合理的资源配置增强了其在教育和社会服务领域的核心竞争力，为高职院校在促进社会持续发展中发挥更大作用提供了有力的支持。

三、增强校企合作与地方联系

在当前教育发展的背景下，高职院校正在逐步加强与企业及地方政府的合作，以提升其在地方社会与经济发展中的作用。建立一个全面的社会服务能力评价体系，是优化校企合作和加强地方联系的关键。通过评价体系，高职院校不仅能够清晰地衡量与企业和地方政府合作的成效，还能够根据评估结果，有效地调整合作策略和服务内容，以更好地满足地方需求。这种评价体系有助于高职院校识别合作中的成功因素和面临的挑战，使其能够在未来的合作中采取更加有针对性的措施。例如，通过分析合作项目的实际成果与预期目标的差异，院校可以调整资源分配，改进项目管理，或重新定义合作框架，以确保双方利益的最大化。加强校企合作和地方联系不仅有利于资源共享和信息交流，还可以增加学生的实践经验和就业机会。学生能够通过真实的工作环境，提前适应未来的职场，同时企业和地方政府也能通过这种合作模式，直接受益于高职院校的创新能力和技术资源。此外，加强校地、校企合作还能够促使高职院校更积极地参与到地方发展项目中，如地区经济转型、技术创新、社会问题解决等领域。通过这种深入的合作，高职院校不仅可以提升自身的研究与教育水平，也能显著推动地方经济社会的整体进步。

因此，高职院校通过建立和完善社会服务能力评价体系，不仅能更精确地评估和优化校企合作和地方联系的成效，还能在更大范围内发挥其作为教育机构的社会服务功能，从而更好地服务于社会和经济的发展，为高职院校在新时代中的发展提供了坚实的基础。

四、提升院校社会影响力和声誉

高职院校通过投入社会服务活动和积极追求优质的评价反馈，可以有效提升自身的社会形象和影响力。这一过程不仅提升了院校的公众认知度，也增强了其在教育领域的竞争力。随着影响力的提升，院校能够吸引更多的学生、优秀教师以及企业和政府的合作伙伴，从而进一步提高其教育和研究能力。有效的社会服务表现和积极的评价结果为高职院校在外界树立了积极和专业的形象。这不仅表明院校能够响应社会需求，解决实际问题，也显示了其教育和服务活动的高质量。随着这种积极形象的广泛传播，更多的潜在学生和教师会被其吸引，选择加入这样具有社会责任感和创新精神的教育机构。此外，通过展示其在社会服务领域的成功案例和成效，高职院校能够加强与行业和政府部门的互动，开拓新的合作机会。这些合作不仅为学校带来了资源和资金支持，还提供了真实的教学和研究平台，使学校能够在实际项目中培养学生，提高教学质量。院校社会影响力和声誉的提升还有助于提高其在国内外教育领域的排名，提升其作为学术和研究中心的地位。通过持续优化社会服务活动和积极参与社会发展项目，高职院校能够展示其全面发展的教育理念和实力，吸引更多的国内外关注。

综上所述，通过提高社会服务能力和积极参与社会评价，高职院校不仅能够树立积极的社会形象，提升其在教育领域的竞争力，还能因此吸引更多的优质资源和合作机会，进一步推动其教育质量和社会服务能力的提高。这种正向循环是高职院校持续成长和发展的重要动力。

五、支持政策制定和改进

在教育和社会服务领域建立一个科学的评价体系为政策制定者提供了基于事实的支持，确保制定的政策能够精准地应对当前和未来的需求。这种评价体系能够收集和分析高职院校在教育服务和社会贡献方面的数据，从而为政策的制定提供实证基础，确保政策具有适应性和有效性。通过细致的数据分析，政策制定者能够理解各项教育和社会服务活动的实际成效，识别这些活动中的成功要素和存在的不足。这样的信息是制定新政策或调整现有政策的关键，能够帮助政策更好地服务于教育的目标和社会的需求，同时能预测未来可能出现的挑战和需求。评价体系的应用还能增强政策的前瞻性，使政策制定者能够基于当前趋势和未来预测制定更具前瞻性的策略。例如，在技术快速发展的背景下，评价体系可以帮助了解科技在教育中的应用效果，指导其如何整合新技术，以提升教育质量和效率。此外，这种评价体系还有助于政策制定的公开透明和公众参与。通过公开评价结果和基于评价的政策讨论，可以提高政策制定过程的透明度，鼓励公众、教育者和其他利益相关者参与到政策讨论和改进中。这不仅提升了政策的接受度和实施效果，也加强了公众对教育政策和社会服务活动的理解和支持。

综上所述，科学的评价体系为教育和社会服务政策的制定提供了坚实的实证基础，使得政策能够更加精确地反映和满足社会与教育领域的实际需求。通过这样的体系，政策制定不仅能够基于当前的数据做出反应，还能预见未来的发展，从而更有效地支持教育和社会的持续进步。

六、促进教育的社会服务功能

高职院校作为教育的重要阵地，承担着培养技术技能人才及服务社会的双重使命。建立和运用一个全面的评价体系可以有效地指导院校在社会服务领域的活动，确保这些活动与教育目标和社会需求相符合。通过这样的评价体系，高职院校可以将社会服务纳入其核心发展战略，实现教育使命的同时更好地履行对社会的责任。

评价体系使高职院校能够系统地审视和分析其在社会服务方面的表现和影响，包括社区参与、技术支持、继续教育和企业合作等多个方面。通过对这些活动的成效进行量化和评估，高职院校能够明确哪些服务活动最为有效，哪些领域需要进行进一步的投入和改进。这种评估不仅提升了服务活动的质量，也提高了院校服务社会的能力。此外，通过评价体系，高职院校还可以持续优化其服务社会的策略和方法。这种优化过程涉及调整资源配置、增强服务项目的针对性和实用性以及创新服务模式等方面，有助于院校更有效地回应社会变化和需求，提升其在地方和国家发展中的参与度和影响力。同时，评价体系的建立为高职院校提供了与社会各界进行互动和沟通的平台。通过发布评价结果和开展相关讨论，高职院校可以增强与公众的连接，获取社会各界对其教育和服务活动的反馈，这不仅有助于提升院校的透明度，还能增强公众对院校社会责任履行的认可和支持。

因此，高职院校通过建立科学的评价体系，不仅能有效地监测和提升其社会服务的质量和效果，还能通过这一过程加深社会对其教育贡献的理解，强化其在社会发展中起到的积极作用。这种评价机制的建立和实施是高职院校实现教育目标和社会使命的重要保障，也是其持续发展的关键支撑。

第二节　高职院校社会服务能力评价体系的评价原则与构成要素

一、高职院校社会服务能力评价体系的评价原则

评价是对服务价值的测量和诊断，目的是优化服务提供过程。构建科学的评价体系是确保评价结果正确和合理的关键。事物的价值评判在很大程度上取决于评价标准和程序的科学性与合理性。评价原则作为建立科学评价体系的基础，反映了评价的核心思想和理论基础。为全面、客观和准确地展示我国高校的社会服务能力、水平及其社会服务的实际效果和未来发展趋势，高职院校的社会服务能力评价必须遵循一系列核心原则。这些原则将指导评价过程，确保评价活动能够达到提升高校服务社会能力的目标。

（一）系统性原则

在现代社会中，高等教育机构不仅仅是知识传递的场所，还是一个复杂的开放系统，不断通过其多元化功能适应并推动社会的发展。随着时间的推移，高等教育的职能已从最初的单一教学任务扩展到教学、科研以及直接面向社会的服务。这些职能不是孤立存在的，而是彼此交织的，共同

构成了高校的核心能力。在这种多功能系统中，高校的社会服务能力特别依赖其人才培养、科技创新和社会服务的综合效力。这三大领域相辅相成、相互促进，共同形成了高校在社会服务领域的整体实力。因此，在对高等教育系统进行评价时，不能单独考察其中的任何一个功能，而应当从整体上衡量其在各个方面的表现及其相互作用的影响。

在评价过程中，必须体现系统性原则，这意味着评估不应只依据孤立的指标，而应全面考虑高校各功能之间的依赖关系及其对社会服务能力的综合影响。历史上的评价体系尽管在设计上可能科学合理，但往往忽视了这种内在的相互依赖性，导致评价结果可能出现偏颇。因此，确保评价的连贯性和统一性尤为重要。只有这样，才能真实、全面地反映出高校的社会服务能力，并推动其在教育、科研和社会服务等领域的均衡发展和优化。

（二）导向性原则

在高等教育领域，社会服务是高校发挥作用的关键领域之一，包括人才服务、科技服务和直接服务等多个方面。不同的高校因其办学特色和资源条件各异，不必强求在所有服务领域均达到顶尖水平，而应更加注重根据自身的教育定位和专长来选择和发展相应的社会服务项目。这样的导向性原则旨在通过科学的社会服务能力评价，引导高校明智地选择和优化其社会服务策略，而不是单一地通过科技手段来实现社会服务目标。当前，许多高校在社会服务的实施中过分注重科技创新，而忽视了直接服务的重要性。这不仅限制了高校服务社会的全面性，也可能影响高校在地方和社会发展中的多元贡献。因此，一个合理的社会服务能力评价体系应当鼓励高校根据自身特点，发挥其在不同社会服务领域的潜力，促进其在人才培养、科技进步和直接社会互动中均衡发展。通过遵循导向性原则，不仅可以帮助高校明确其服务社会的方向和重点，还可以促进高等教育系统内部的多样化发展。

（三）数量与质量相结合原则

在评价高校的社会服务能力时，必须遵循数量与质量相结合原则。这种结合体现了事物发展中的对立统一关系：数量和质量不是孤立存在的，它们相互依赖和促进，共同影响事物的整体效果。在高校社会服务的评价中，质的提升和量的增长应当并行不悖，即在追求服务数量增加的同时，更要注重服务质量的提高。这种平衡是因为单一追求数量可能导致服务质量下降，而确保质量又往往需要一定的数量基础。高校社会服务的核心目的是解决社会的实际问题并促进社会的整体发展。因此，在进行高校社会服务能力评价时，评价体系需要同时关注服务的广度（数量）和深度（质量）。这种评价不仅计量高校提供服务的规模，还会深入分析这些服务在解决实际社会问题中的实效性。例如，一个高校可能有广泛的服务项目，但其核心评价应侧重于这些服务项目在实际操作中的效果和质量，以及这些服务如何具体地对社会产生正面影响。因此，高校社会服务的评价机制应该是一个多维度的系统，既包括量化的统计数据，也包括质的考量，确保每一项服务都能真正达到预期的社会效益。这样的评价不仅能促进高校在数量上的拓展，也强调其在质量上的精细化管理，从而更全面地反映高校在社会服务领域的真实能力和贡献。

（四）静态与动态相结合原则

在评估高校的社会服务能力时，采用静态与动态相结合原则至关重要。高校的社会服务能力不是静止不变的，而是持续发展和变化的。静态评价关注的是高校在某一特定时间点的服务能力，而动态评价则关注其服务能力随时间的增长而发生的变化。社会的需求是不断进步和发展的，随之而来的是对高校社会服务能力不断提高的需求。一个时间点上的高水平服务能力虽然重要，但更为关键的是高校能否持续地适应社会变化，持续提高其服务能力。从高校的角度来看，持续增强社会服务能力不仅是其适应社会变化的表现，也是其持续进步和对社会做出更大贡献的方式。因此，一个全面的评价系统应当同时涵盖高校在静态和动态两个维度的表现。在设计评价指标时，应当融入能够捕捉这种动态变化的元素，如高校服务能力的增长率、服务范围的扩展速度和服务质量的提升程度等。通过这种静态与动态相结合的评价方法，不仅可以评估高校在固定时间点的服务水平，还能够揭示其服务能力的发展趋势和潜在的长期影响力。这样的评价框架能够更全面地反映高校对社会服务的真实贡献，同时为高校提供持续改进和自我超越的动力。

二、高职院校社会服务能力评价体系的构成要素

高职院校社会服务能力评价体系是一个多维度、多层次的评估体系，其目的在于全面、客观地评价高职院校在社会服务方面的表现和效果。该评价体系的构成要素可以从以下几个重要方面进行细致的阐述（如图 5-2 所示）。

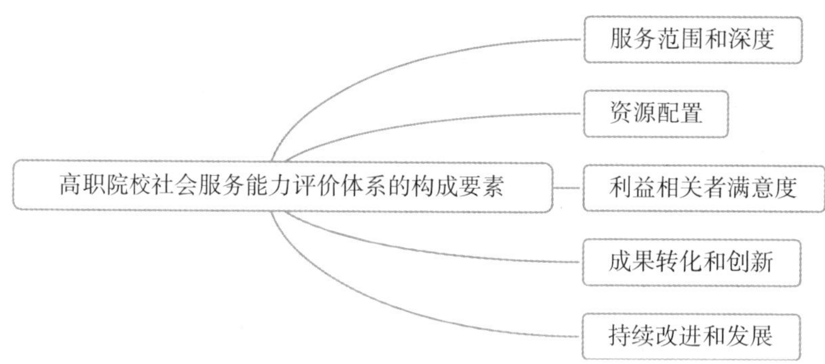

图 5-2　高职院校社会服务能力评价体系的构成要素

（一）服务范围和深度

1. 服务范围

高职院校在社会服务方面的作用主要体现在其广泛的服务领域上，这些领域覆盖了教育支持、技术咨询、经济发展以及社区服务等多个方面。这些服务不仅展示了高职院校的综合实力，也反映了它们在推动社会进步中的积极作用。

在教育支持方面，高职院校发挥其专业技术和资源优势，为其他教育机构提供课程设计、师资培训和学生技能提升等支持。通过与基础教育机

构的合作，高职院校能够促进学生的技能培养与职业发展，同时提升整体教育质量。技术咨询则展现了高职院校在专业领域的深厚底蕴。高职院校通过为地方企业和创新团队提供技术支持和解决方案，促进了技术转移和创新应用，加速了行业升级和经济结构调整。在经济发展方面，高职院校通过校企合作、技术孵化等方式，直接参与到地方经济建设中，帮助提升地方经济的竞争力，推动产业升级和新兴产业的发展。在社区服务中，高职院校通过开展各类公益活动，提供社区教育和文化普及等服务，加强了与社区的联系，提升了社区居民的生活质量和幸福感。通过这些多元化的服务项目，高职院校不仅加深了与社会的联系，也显著提升了自身在社会服务领域的影响力和贡献度。

2.服务深度

服务深度关注高职院校社会服务项目的实际影响，包括服务的质量、持续性、受益范围和具体成效。这一维度不仅衡量服务的持久力，也评估服务对目标群体的实际帮助和长远影响。高职院校的社会服务项目通常需要具备较高的持续性。例如，一个成功的教育支援项目不仅能在短期内提升受教育者的技能，更应该在长期内促进其持续发展。这种持续性可以通过定期的跟进、评估和调整来实现，确保服务项目能够适应不断变化的需求和环境。另一个重要方面是服务的广泛性，即服务能够覆盖多大范围的人群。高职院校应致力于拓宽服务的受益者范围，包括不同年龄层、经济状况和背景的人群。通过这种方式，院校的社会服务不仅限于学生或校园，而是扩展到整个社区甚至更广泛的区域。服务成果的实际效益是衡量服务深度的另一关键指标。高职院校应通过具体的成果展示其服务项目的效果，如通过改善就业率、增强社区凝聚力或提高行业标准等实际成果来体现服务的价值。通过这些具体成果，可以直观地看到高职院校在社会服务方面的成就和贡献。

总的来说，服务深度体现了高职院校社会服务的实际影响力和质量，通过持续的改进和评估，高职院校可以确保其服务不仅广泛覆盖，而且深入人心，带来实际且持久的社会效益。

（二）资源配置

1. 人力资源

在高职院校的社会服务中，人力资源的配置是至关重要的一环。这包括评估分配至社会服务项目的教师和工作人员的规模及质量，强调的是参与人员的专业技能和对服务工作的热情。

高职院校在开展社会服务时，必须确保有足够的教师和工作人员投入。这些人员不仅要有一定的数量以满足服务需求，更要有高质量的专业能力来保证服务的有效性。教师和工作人员的专业能力包括其在特定领域，如技术、教育或咨询等方面的知识和技能，是确保项目成功的关键。此外，这些人员的服务热情同样重要。热情可以驱使他们更好地与服务对象互动，提高服务质量，并在面对挑战时持续推动项目前行。服务热情还能促进团队之间的协作和创新，使得社会服务项目能够更加灵活地应对变化，带来更大的社会影响。为此，高职院校需要建立有效的人力资源管理和发展体系，不仅要在招聘时考虑候选人的专业能力和热情，还要通过定期的专业培训和激励机制来维持和提升员工的服务热情和专业技能。通过这样的系统性管理，高职院校能够确保其社会服务项目的人力资源既充足又高效，从而有效地服务社会，推动社区和经济的持续发展。

2. 物质资源

物质资源的配置是高职院校社会服务项目成功的另一关键因素，包括为社会服务活动分配的设施、设备以及相应的财务支持。合理的物质资源配置能够显著提升服务的效率和效果。

首先，设施的配置对于高职院校开展社会服务项目至关重要。适当的教学和实验设施，如实验室、讲堂和会议室等，不仅能够支持教育培训类项目的实施，也能提供社区活动的场地。此外，为社会服务设计的专门设施，如社区咨询中心或者技能培训中心，可以增强服务的可接近性和实用性。其次，设备的质量和先进性同样影响服务项目的实施。例如，高质量的计算机设备和专业软件可以支持技术咨询和研发项目的高效运行；而先进的医疗和实验设备则是高职院校在提供健康咨询和科研服务时不可或缺的资源。最后，财务支持是确保以上物质资源得以购置和维护的基础。高职院校需要确保有充足的预算来支持设施的建设、设备的更新以及日常的运营开销。此外，通过建立专门的基金或者寻求外部资助，高职院校可以进一步增强其在社会服务中的物质资源配置，如赞助商资助或政府补助等。

综上所述，高职院校在物质资源配置上的投入直接关系到社会服务项目的质量和持续性。只有通过合理的设施、设备和财务资源配置，高职院校才能有效地满足社会服务的需求，提高服务质量，实现社会服务目标。

（三）利益相关者满意度

1.服务受益者满意度

服务受益者满意度是衡量高职院校社会服务成功与否的关键指标。确保服务满足受益者需求不仅反映了项目的有效性，还显示了高职院校对社会需求的响应能力。

为了准确评估服务受益者满意度，高职院校常采用多种方式收集反馈，包括但不限于问卷调查和个人访谈等方法。问卷调查可以广泛收集受益者对服务内容、服务质量以及服务结果的看法，是一种有效的量化分析工具。个人访谈则提供了更深入的洞察，使得服务提供者能够了解受益者的具体感受和详细意见，从而对服务进行有针对性的调整和优化。通过这些反馈收集方式，高职院校可以获得关于其社会服务项目如何影响受益者的直接信息。例如，教育支持项目的参与者可能通过问卷表达对课程内容的满意程度，或在访谈中详述培训如何帮助他们提升职业技能。此外，定期收集和分析这些反馈还能帮助高职院校持续改进其服务，确保这些服务在满足日益变化的社会需求方面保持相关性和效率。通过调整服务以适应受益者的实际需求，高职院校能够增强其社会服务的整体效果，提高受益者的满意度，从而在社会服务的广泛领域中保持竞争力和影响力。

2.合作伙伴满意度

合作伙伴的满意度是衡量高职院校在合作项目中的表现和信誉的关键

指标。这不仅影响高职院校的社会声誉，还直接关系到未来合作机会的拓展和深化。

为了评估合作伙伴的满意度，高职院校通常会对与其合作的外部机构、企业以及其他教育机构进行满意度调查。这些调查帮助高职院校了解合作伙伴在合作过程中的体验，评估合作成果是否达到了预期效果，以及双方的合作关系是否健康稳定。调查方法包括但不限于发送电子问卷、进行面对面访谈或组织反馈会议，使得高职院校能够从多角度收集合作伙伴的意见和建议。电子问卷便于大规模地收集数据，而面对面访谈能深入探讨合作中遇到的具体问题和挑战，反馈会议则有助于双方共同讨论合作过程中的亮点与不足，共同寻找改进的路径。此外，高职院校还要重视对合作伙伴满意度调查结果的分析和应用。通过定期评估和更新合作策略，高职院校可以及时调整其服务和支持方式，以更好地满足合作伙伴的需求和期望。这种持续的改进和优化过程不仅能提升合作伙伴的满意度，也能增强高职院校的合作能力和市场竞争力。

（四）成果转化和创新

1.成果转化率

成果转化率是衡量高职院校在社会服务活动中所产生的研究成果、技术开发或解决方案成功应用于实际情景的指数。这一比率不仅反映了院校研究活动的实际效用，也展示了其对社会和经济发展的具体贡献。

在评估成果转化率时，高职院校会考察其研究和技术开发项目中有多少成果被成功转化为实际应用，包括新技术的商业化、研究成果的实际部署，或是创新方案的广泛采纳。这些转化的成果通常能直接带来显著的社会效益和经济价值，如改善公共服务效率、增强企业竞争力或提升生活质量等。为了精准评估成果转化的效果，高职院校需要建立一套详尽的追踪和评估机制，包括对转化项目进行定期跟踪，评估其在实际应用中的表现和影响。通过与行业合作伙伴和社区组织的紧密联系，高职院校能够更好地理解市场需求和社会需求，从而推动更多研究成果的成功转化。此外，院校还应鼓励师生积极参与研究成果的转化，通过提供必要的资源支持和激励机制，如设立创新基金、建立孵化器等，促进更多创新成果的孵化和应用。

通过不断提高成果转化率，高职院校不仅可以增强其在学术和技术领域的影响力，还能实质性地推动社会和经济的进步。这种持续的成果转化和创新活动，是高职院校履行社会职责和促进可持续发展的关键途径。

2.创新能力

创新能力是衡量高职院校在社会服务中的表现的一个关键指标，特别是在如何通过新思维和技术解决实际问题方面。这种能力不仅体现在引入新的服务模式和技术应用上，还包括院校在面对挑战时展现的创新思路和解决问题的能力。

高职院校的创新能力可通过其在社会服务项目中采用的新模式和技术实践来评估。例如，采用数字化工具优化社区服务流程或引入虚拟现实技术提升技术教育的互动性和实用性。这些创新不仅提升了服务的效率和质量，也增强了服务的可达性和参与感。此外，高职院校的创新能力还体现在其对服务过程中遇到问题的应对措施上。在面对复杂的社会问题时，高职院校能够运用创新思维来开发有效的解决方案，如设计出新的合作模式或服务策略，这些都是创新思维实际应用的体现。为了充分发挥和提升这种创新能力，高职院校通常会建立相应的支持系统，如创新实验室、研发中心等，以鼓励学生和教师参与创新活动。通过举办定期的工作坊、讲座以及与行业的合作，院校能够不断吸收新的思想和技术，持续推动服务创新。

（五）持续改进和发展

1.质量保证和持续改进措施

要想确保高职院校社会服务质量持续提升，关键在于建立和维护一套有效的质量保证和持续改进系统。这种系统应能够不断监控、评估并提高服务的质量，以适应社会需求的变化和提升服务效果。

高职院校应通过一系列综合措施来确保社会服务的质量，包括定期的服务评估、质量审核以及反馈机制的建立。这些措施旨在识别和解决服务过程中可能出现的问题，确保服务持续符合或超过预定的质量标准。具体来说，定期评估可以通过收集服务受益者、合作伙伴以及社会其他相关方的反馈来进行。这些反馈可以为院校提供关于服务成效的直接数据，帮助理解各方对服务的满意度以及存在的不足。质量审核则通常由内部或外部的专业团队进行，他们将根据既定的质量指标和标准，评审服务流程和结果，确保所有活动均达到高标准。此外，建立有效的反馈机制也是提升服务质量的关键。通过搭建易于访问的反馈渠道，如在线平台或定期会议，高职院校可以快速收集来自各方的意见和建议，及时调整和优化服务。

通过这样的质量保证和持续改进措施，高职院校不仅能确保其社会服务质量持续提升，还能适应快速变化的教育和社会需求，进一步强化其在社会服务领域的领导地位。这种持续的质量提升机制，能够确保院校在提供社会服务的同时，不断优化和提高自身的服务能力和效果。

2. 可持续发展能力

高职院校社会服务活动的可持续性是衡量其长期影响力和责任履行的重要指标。这包括对环境的影响、社会责任的积极履行，以及院校是否拥有向前看的长远发展战略。

首先，环境可持续性是当前社会服务活动中一个不可忽视的方面。高职院校需要评估其服务活动对环境的直接或间接影响，并采取措施减少负面效果。这可能包括利用环保材料、推广绿色技术或实施节能减排策略，以确保其活动不仅符合当前的环境保护标准，还能促进环境的长期健康。其次，社会责任的履行是高职院校可持续发展能力的另一核心组成部分。这涉及院校如何通过社会服务活动正面影响社区，包括支持弱势群体、促进社会公平以及提供公共福利。高职院校需通过具体项目展示其对社会责任的承诺和实施效果，如社区教育项目、健康普及计划等。最后，一个清晰的长远发展战略对于确保社会服务活动的可持续性至关重要。高职院校应设计并执行一套全面的战略计划，涵盖未来几年甚至几十年的发展蓝图。

这应包括技术更新、人才培养、资源配置以及新服务领域的拓展等方面，以确保院校能够持续适应快速变化的社会需求，并保持其服务活动的持续性和相关性。

通过这些措施，高职院校不仅能够确保其社会服务活动的环境和社会责任目标得到实现，也能通过实施前瞻性的发展战略，确保长远的可持续发展。这种多维度的可持续发展能力，使高职院校在提供高质量教育和服务的同时能成为承担社会和环境责任的模范。

构建这样一个评价体系能够帮助高职院校系统地了解自身在社会服务方面的表现，识别改进的领域，制定相应的策略，从而提高其社会服务的整体效能和社会影响力。通过这种方式，高职院校不仅能够提升自身的社会服务能力，还能进一步增强其在教育领域的竞争优势和社会责任感。

第三节　高职院校社会服务能力评价体系的构建

在构建高职院校的社会服务能力评价体系前，首先，应完成细致的前期调研和数据整理，以准确把握当前评价工作中存在的挑战与问题。其次，构建一套有效的评价体系的关键步骤包括明确院校在社会服务中的具体目标。再次，根据目标挑选合适的评价指标。这些指标应当能够准确反映高职院校在社会服务方面的成就和影响力，从而帮助评估和指导院校在社会服务领域的发展。最后，在评价体系确立并开始实施后，还需考虑到实际应用中的地域性差异。由于不同地区的社会、经济和文化背景可能影响社会服务的需求和效果，评价体系在应用时需灵活调整，以适应各地区的具体情况。这可能意味着要对评价方法进行创新，或是调整现有指标，确保评价结果具有广泛适用性和实用价值（如图 5-3 所示）。

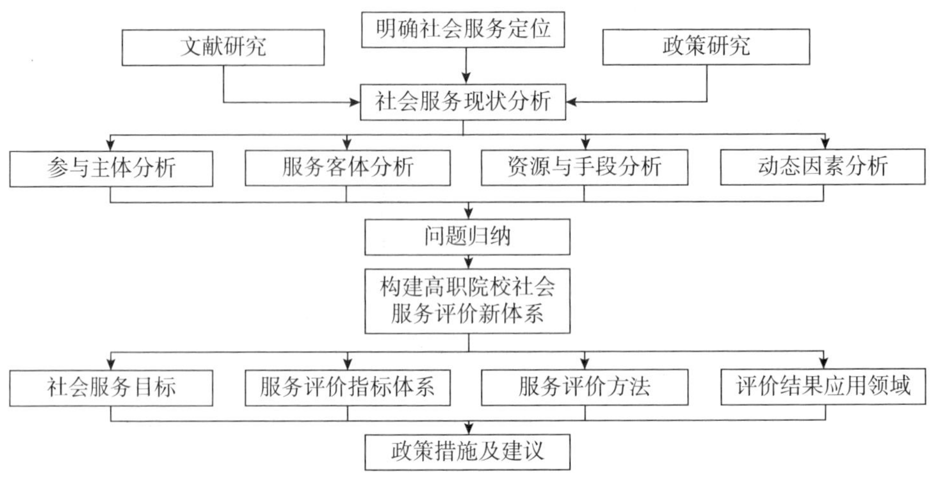

图 5-3　高职院校社会服务评价研究

一、高职院校社会服务目标

（一）学校发展方面

在高职院校的发展战略中，社会服务扮演着至关重要的角色，尤其在新农村建设和行业对口支援等领域。通过这些服务，高职院校不仅能够与社会和各行业深入交流，还能提供关键的技术支持和人才培训，从而使其教育项目更加紧贴行业需求和社会进步。

高职院校在社会服务的过程中，可以与企业进行有效对接，深入了解行业最新的动态和技术发展趋势，以及企业对人才的实际需求。这种互动不仅有助于院校把握行业发展脉络，还能使其人才培养方案保持最新状态，确保学生的技能和知识与市场需求同步更新。

通过社会服务，高职院校可以更好地服务社会，尤其是在提供专业培训和技术支持方面。这些活动不仅增强了学生的就业竞争力，也确保了教育质量与社会及行业发展保持一致。此外，通过这种服务，高职院校还能为全社会及各类企业带来实际利益，如促进地区经济发展、提升行业标准等。在具体操作中，高职院校应定期评估其社会服务的效果，确保这些服务活动能够实际反映出行业需求的变化，并通过实时调整教育策略和课程内容，持续提升教育服务的质量和适应性。这种动态的调整和优化有助于学校在不断变化的教育环境中稳健前行，同时为社会和经济的发展贡献力量。

（二）师生能力方面

在高职院校中，师生将自己的专业知识和技能投入社会服务，这不仅有助于巩固和扩展他们的专业技术，还能在多个层面上产生深远的影响。首先，通过参与社会服务，教师和学生能够将理论知识应用于实际问题解决中，从而更有效地掌握和提升自身的专业能力。其次，这种参与为社会做出了积极贡献，无论是通过教育支援、技术援助还是公共项目的实施，都显著提升了社会福祉。此外，社会服务的参与还能促进师生的个人成长，特别是在道德修养方面。通过帮助他人和解决社会问题，师生可以培养更强的社会责任感和道德意识，这对于个人的全面发展极为重要。随着师生在社会服务中的积极表现，整个社会也将形成热心公益、互助共享的积极氛围。这种良好的社会氛围有助于激发更多的师生投身于公益活动，从而使得社会服务成为推动教育和社会进步的重要力量。在这种环境下，教师和学生在教育和教学上的进步也会更加显著，因为他们能够在实践中不断学习新知识、解决新问题，实现自我超越。

总的来说，高职院校师生参与社会服务活动，不仅能够提升自身专业技能，增强社会责任感，还能通过个人行动促进社会的整体良好发展。这种积极参与社会服务的过程，不仅使师生受益，更为社会带来了正面的变化和进步。

（三）企业及社会方面

社会和企业的发展在很大程度上依赖人力资源和技术的持续供应。在这方面，“国家示范性高等职业院校建设计划”为高职院校的社会服务提供了新的方向，明确了高职院校在新农村建设、行业对口交流以及人员培训等多个领域的服务角色。该计划的实施有效拓宽了高职院校社会服务的领域，使其不再局限于传统的教育和培训范畴，而是更深入地参与到社会经济活动中，为社会和企业的需求提供更具针对性和实效性的支持。这包括通过专业的技术培训、行业交流以及在新农村建设中提供技术和管理支持，促进社区发展和行业升级。高职院校的这种参与不仅有助于企业和社会机构解决技术和人才短缺问题，也为社会提供了一个重要的人力资源培训和技术研发的平台。企业可以通过与高职院校的合作，获取最新的技术知识和行业资讯，同时也能通过高职院校的人才培养项目直接吸纳适合的毕业生。此外，高职院校的社会服务工作也促进了社会的整体福祉。通过参与到新农村建设等公共事业中，高职院校不仅提升了自身的社会责任感和公共形象，也帮助社区解决了一些实际问题，如提高农业效率、优化地方管理等。

总之，随着高职院校社会服务范围的扩大，其在社会和企业发展中的角色变得更加重要。这种角色不仅限于教育和培训，更扩展到了直接参与社会经济发展的多个方面，对社会各界产生了积极而深远的影响。

二、高职院校社会服务评价指标

高职院校的社会服务活动广泛而多样，为了有效提升这些服务在促进学校发展、增强师生能力以及支持企业和社会等多方面的作用，建立一个全面的社会服务评价指标体系显得尤为重要。在这个评价指标体系中，应当根据服务的不同领域设定具体的评价指标。基于对现有文献的审查和实际调研情况的分析，高职院校社会服务可以分为人才服务、培训服务、技术服务、公益服务和合作交流服务五个主要层面。对这些服务领域的评价指标进行精细化设计，可以更准确地衡量和指导院校的社会服务活动。为此，我们应当从这五个层面出发，筛选出反映服务效果的关键指标，并将其细分为更具体的项目。这样构建的评价指标体系将更具操作性和针对性，能够详尽地反映高职院校在不同社会服务方面的表现和影响力。通过这种分级的评价指标体系，高职院校能够得到具体的反馈，进一步优化和调整其社会服务策略，确保服务活动能够有效地支持其教育目标，同时促进社会和经济的发展。

各层面的细分指标如表 5–1 所示。

表 5–1　高职院校社会服务五个层面的指标

一级指标	二级指标	三级指标
人才服务	素质培养	指导各类社团数量、活动频率及质量、师生满意度
	职业技能	师生各类职业技能大赛成绩、学生职业技能证书取得情况
	人才社会需求	就业率、学生就业满意率、就业对口率、用人单位评价
培训服务	职业技能培训	各类职业技能培训开展种类、场次、覆盖人数、满意度
	继续教育	百万扩招规模、教育质量、继续教育者满意度、就业率及就业质量提升度
	各类讲座	开办红色宣传、安全宣讲、投资者教育、科技科普等公益教育及临时性培训讲座次数、参与人数、满意度
技术服务	技术咨询	向对口企业提供技术咨询次数、质量及教师社会公益兼职情况
	成果转化	院校科研成果转化率
公益服务	校内活动	参与校内招生宣传、迎新接待、校园文化建设等活动情况
	社会公益活动	社区下沉、定点帮扶等公益活动志愿服务频率及时长
	设施及文化服务	文化体育场所、科研设施对外开放率，社会活动次数及满意度
合作交流服务	校企合作	长期实习实训合作企业数量、实习接纳人数、企业兼职导师人数
		校企合作课程共建、教材共建、组队参赛情况
	合作办学及交流	中外合作办学专业数量、生源质量，合作办学毕业生用人单位满意度
		合作交流项目和活动开展频次、效果
		中职、中小学课后服务参与频次，与其他院校专业共建、资源共享情况

三、高职院校社会服务评价要点

高职院校社会服务评价要点涵盖了评价过程中的重要方面，以确保评价具有全面性和准确性。高职院校社会服务评价要点如下（如图 5–4 所示）。

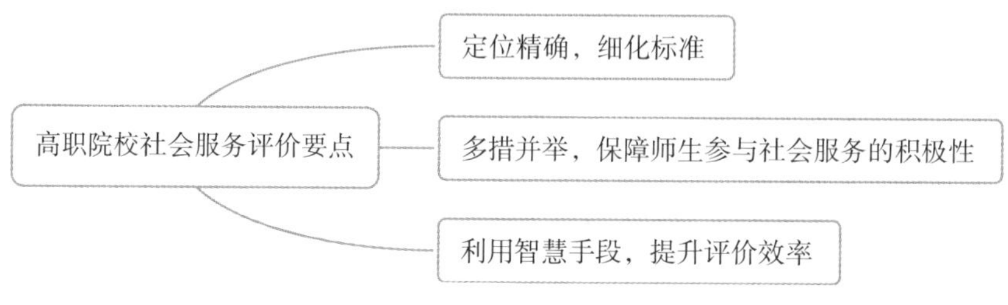

图 5–4　高职院校社会服务评价要点

（一）定位精确，细化标准

在实施高职院校社会服务评价时，准确、细致、规范是关键。为确保评价结果公正和有效，必须依据详细的分级指标体系来执行。这些指标不仅要全面覆盖院校社会服务的各个方面，还要确保每个指标的衡量标准是精确和可靠的，从而消除任何模糊性，确保评价具有客观性和准确性。

在具体操作中，应当为每一级指标设定固定的权重，以帮助各类高职院校快速、精确地进行社会服务工作的评价和横向比较。这种权重分配需基于对社会服务重要性的广泛认识和共识，保证评价体系既公平又具有激励性。对于教师和学生个人的社会服务参与评价，则应考虑到个体差异的影响。不同于整体评价的统一标准，个人评价可以采用更为灵活的计量方式，如累加计分。这种评分可以按学期、学年或聘期等时间段来计算，从而更好地反映个人在不同阶段的社会服务贡献，既保证了评价的全面性，也考虑到了实际操作的便利性。此外，随着社会需求的不断变化和发展，高职院校提供的社会服务种类和内容也必将相应扩展和更新。因此，在评价标准的制定和调整中，必须保持前瞻性和灵活性，以适应新的服务项目和社会需求。这要求高职院校制定的评价体系能够快速响应社会变化，及时更新评价指标和标准，确保评价体系始终与时俱进，充分反映社会服务的真实效果和价值。

综上所述，高职院校社会服务评价工作的有效实施需要基于一套精确、细化的标准和规则。通过为每一级指标设定合理的权重，并采用灵活的个体评价方法，高职院校可以确保评价结果具有准确性和实用性。同时，评价标准的及时更新和调整也是保证评价工作适应社会发展需求的关键。通过这样的措施，高职院校不仅能有效评估自身社会服务的效果，还能持续提升自身在社会服务领域的表现和影响力。

（二）多措并举，保障师生参与社会服务的积极性

为确保高职院校师生在社会服务中的积极参与和高效表现，必须采取多种措施来激发和保障他们的参与热情，主要从激励机制的设立和评价体系的优化两大要点入手。

第一，激励机制的设立对于提升师生的社会服务热情至关重要。例如，为参与艰苦或困难的社会服务项目中的师生提供特定的补助，以缓解他们在服务过程中可能遇到的财务压力。此外，对于在社会服务中表现突出的个体，在职称评定、奖学金评选以及其他学术或职业评优活动中，可以获得额外的优先权或加分。这种正向激励不仅能增强师生的参与意愿，也能提高社会服务的整体质量和效率。

第二，改革社会服务的认定和评价体系也是提升师生参与社会服务积极性的关键。传统的评价框架往往过于僵化，不利于发挥师生的个性化优势。借鉴职称评定中的“破五唯”思想，可以设计一个更加灵活多样的评价体系。在这个体系中，师生可以根据自己的特长和兴趣选择适合的社会服务项目。例如，设置一个包含多个选项的评价系统，只要完成给定范围内的任何一项或几项任务，师生便可以满足评价标准。这种方法不仅扩大了师生的选择范围，也使他们能够更自信、自如地参与到自己擅长的服务中，进一步激发他们的积极性和创造性。

通过实施这些措施，高职院校可以有效提升师生参与社会服务的积极性和主动性。这不仅有助于培养师生的社会责任感和专业技能，还能促进学校与社会的良性互动，从而更好地服务于社会的发展需求。在这一过程

中，高职院校的社会服务工作将能够实现更高的效率和更广的影响力，成为促进社会进步的重要力量。

（三）利用智慧手段，提升评价效率

在当前信息技术高速发展的背景下，高职院校面临的一个重要任务是有效利用现代智慧手段来提高社会服务评价工作的效率。通过引入智能化的工具和平台，可以显著简化评价流程，提升数据处理的速度和准确性，从而更好地支持社会服务的各项活动。

调研显示，一些高职院校在社会服务工作的评价过程中遭遇了诸多挑战，尤其是评价流程的复杂性和繁琐性。这不仅增加了师生和行政人员的工作负担，也影响了评价工作的时效性和准确性。因此，利用现代信息技术来优化评价过程显得尤为重要。以天津地区的“津云”App中的“志愿天津”栏目为例，该平台在记录志愿者参与社会公益活动的情况上取得了显著成效。通过该App，志愿者可以方便地进行活动报名、签到、活动确认及时长认定等操作。此外，平台还能自动归集志愿者的服务时长和星级等基本信息，这种智能化的记录方式大大减少了纸质证明和资料流转，节省了大量社会资源。借鉴“津云”App的成功经验，如果能开发出专门针对高职院校社会服务评价的平台或小程序，将进一步提升评价工作的效率。这种平台可以实现社会服务活动的实时记录和自动统计，同时提供便捷的数据访问和处理功能。学校负责考评的部门可以通过同一平台进行数据监控和分析，在减少人力、物力投入的同时，确保评价结果实时、准确。

综上所述，高职院校应积极探索和利用智慧信息技术来优化社会服务评价体系。通过构建智能化的评价平台，不仅可以提高工作效率，还能提升整个社会服务体系的管理水平和服务质量。这将为高职院校的社会服务工作带来革命性的改进，有助于更好地满足教育发展和社会需求。

四、高职院校社会服务评价结果应用领域

高职院校的社会服务评价结果在多个应用领域发挥着关键作用，包括

人才选拔与校园招聘、院校自我提升与发展以及推动社会公益事业的发展（如图 5–5 所示）。通过对这些应用领域的详细分析，我们可以更好地理解高职院校社会服务评价的重要性及其对教育和社会的综合影响。

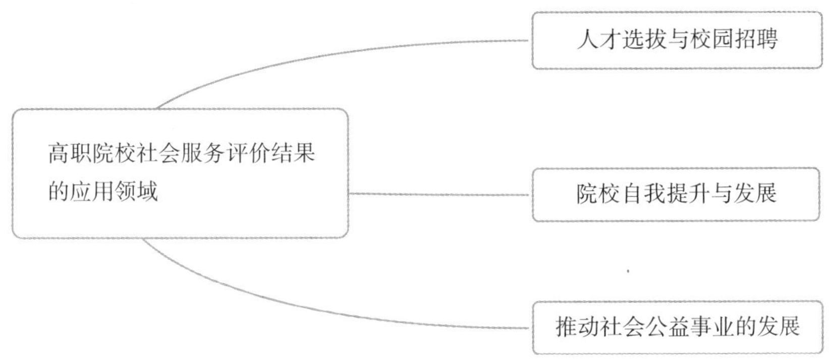

图 5–5　高职院校社会服务评价结果的应用领域

（一）人才选拔与校园招聘

在当前的人力资源市场中，企业在招聘过程中不仅注重候选人的学术成绩，更加重视其社会实践和服务经验。高职院校的社会服务评价结果因此成为宝贵的资源，为企业提供了全面评估潜在员工的方法。这种评价不仅涵盖了学生的学术能力，还广泛触及了他们的社会责任感、团队合作精神和领导潜能。

社会服务的评价结果可以深化企业对学生综合素质的了解，使企业能够更全面地评估候选人是否符合职位需求。在校园招聘活动中，这一点尤为重要，它能够帮助招聘者识别出那些不仅在学术上表现出色，而且在社会服务中表现积极、具备良好的团队协作能力和领导潜质的学生。这些特质通常是简历和成绩单所无法充分展示的。通过社会服务评价结果，企业可以获取关于学生在实际社会环境中应用知识和技能的情况，了解他们在面对挑战时的反应及解决问题的能力。例如，参与社区服务项目的学生可能展示出优秀的项目管理能力和高度的责任感，这对很多职位来说是至关重要的。同时，企业在使用高职院校的社会服务评价结果进行人才筛选时，不仅是在评估候选人的过去表现，更是在预测其未来在职场上的成功概率。

学生在社会服务中展示的主动性、创新思维以及适应变化的能力，都是现代企业所需的关键素质。另外，社会服务评价的数据还能帮助企业构建更多元化的工作团队。企业通过了解不同学生在社会服务中的表现，可以根据团队需求精准地招聘到具有特定技能和经验的人才，从而优化团队结构，增强团队的综合竞争力。

总之，高职院校的社会服务评价结果已成为现代企业人才选拔与录用的一种重要工具。它不仅提高了校园招聘的效率和准确性，还促进了企业与学校之间的深入合作，共同培养和选拔符合未来发展需求的优秀人才。通过这种方式，企业不仅能够为自身赢得竞争优势，还能为社会培育出更多具备高度社会责任感和实践能力的新一代。

（二）院校自我提升与发展

高职院校社会服务评价结果对于院校自身的发展和自我提升具有重要意义。这些评价结果不仅反映了学校在社会服务方面的表现，还提供了宝贵的信息，帮助学校在多个方面进行优化和改进。

1. 评估社会服务表现

社会服务评估为高职院校提供了全面评估自己在社会服务领域成效的机会。通过这种评估，学校能够明确学生在社会服务项目中的参与度、项目所产生的社会影响以及服务活动的持续性。评估结果使得学校能够清晰看到哪些项目表现出色，哪些项目需要更多的支持与资源投入。

通过对社会服务的细致评价，学校可以更有效地进行资源配置，确保资源能够被用在最需要的地方。这不仅提高了资源的使用率，还能针对具体项目进行必要的调整和改进，以增强项目的效果和可持续性。此外，评估还帮助学校建立起一种反馈机制，通过持续的监测和评估，学校可以及时调整社会服务策略，确保其与社会需求和学校的教育目标保持一致。高职院校的社会服务评估通常涉及多个层面，如项目设计的合理性、执行过程的效率以及最终成果的社会价值。评估过程中，可以采用多种方法来收集数据，包括直接的参与观察、服务接受者的反馈收集以及与项目相关的定量数据分析等。这些数据不仅为学校提供了操作上的指导，也为未来的项目规划提供了依据。综合利用这些评估结果，高职院校能够确保其社会服务项目不仅满足社会的需求，还能够促进对学生实践能力和社会责任感的培养。

2. 优化课程设计

评估结果为高职院校提供了重要的参考信息，使其能够调整和优化课程内容。当社会服务活动的反馈显示学生在某些领域的表现不尽如人意时，学校可以据此增加课程中实践技能训练的比重，这有助于提升整体的教学效果和学生的职业能力。同时，如果学生在某些服务项目中表现出色，这不仅证明了学校在特定学科或技能培训方面的优势，还可以作为吸引新生和资金的有力证据。优秀的表现和积极的评价结果能够显著提升学校的声誉，使其在激烈的教育市场中占据有利地位。

通过评估结果，高职院校可以更准确地识别课程设计中的强项和弱点，从而有针对性地进行课程调整。这不仅能增强学生的实战技能，还能改善教学方法和内容。此外，持续的课程优化还有助于保持课程的现代性，确保教学内容与行业标准和社会需求保持同步。

3. 行业比较与学习

通过细致分析社会服务评价结果，高职院校能够在同行间进行有意义的比较，从而发现并吸收行业内的优秀实践和创新方法。这不仅有助于学校认识到自身的优势和不足，还能够促使其寻求与其他院校及行业企业合作的机会，共同探索和实施更高效的服务策略。学校可以通过参与行业会议、研讨会或建立专门的合作网络来与其他机构交流，不仅能分享自己的成功经验，还能学习到其他机构在服务设计、项目管理和效果评估等方面的先进做法。这种交流和学习还可以激发新的创意，引进创新的教育理念和技术，进一步增强教育服务的有效性和吸引力。同时，与其他学校和企业的合作还可以为学校带来新的资源和技术支持，如共享教育资源、联合开发新课程、共同举办培训工作坊等。这些合作不仅有助于提升学校的教育质量，还能增强学生的实践经验和就业竞争力。通过行业比较与学习，高职院校还能够建立起持续改进的文化，鼓励教师和管理人员不断寻求创新和改进的方法，从而提升学校内部的动力和活力，使学校在激烈的教育市场中保持领先地位。

4. 提升教育质量和声誉

通过持续进行自我评估和改进，高职院校能够显著提升教育服务的质量与整体竞争力。优秀的社会服务评价不仅反映了学校在服务社会方面的能力，也大幅提升了潜在学生、商业伙伴及社会各界对其的认可度。这种认可是学校持续成长和适应教育领域变化的关键动力。通过有效的社会服务项目，高职院校不仅能提供实用性强的教育内容，还能为学生打造与真实工作环境相近的学习场景，增强他们的实际操作技能和解决问题的能力。这些实践经验是学生将来在职业生涯中不可或缺的资本，也是他们发展社会责任感的重要基础。此外，学校的持续改进和积极的社会服务表现能够吸引更多的企业与其合作，为学生提供实习和就业机会，同时为学校带来更多的教育资源和资金支持。这种校企合作不仅能够提升学校的教育质量，也能够提高其影响力和知名度。学校通过这些社会服务活动的成功实施，不仅增强了其教育质量，还在社会上建立了良好的声誉。这种声誉是吸引更多优秀学生、资深教师和研究项目的重要因素，也是学校在竞争激烈的教育市场中脱颖而出的关键。

通过这些详细的评价和反馈机制，高职院校能够确保其教育服务持续改进和发展，有效地满足教育市场和社会的需求。

（三）推动社会公益事业的发展

高职院校的社会服务评价结果在公益事业的推广和深化中扮演了极为关键的角色。评价结果的科学性和公正性不仅能够确保活动的质量和有效性，还能促进社会公益事业的整体发展，提升公众对高职院校社会服务工作的认可度和信任度。

1. 提升院校公共形象与信任度

通过实施公正且科学的社会服务评价，高职院校能够清晰展示其在公益事业中的参与程度和取得的成效。这种评价方式的透明性和客观性对于树立学校在公众心目中的正面形象至关重要。当院校向社会公开其在社会公益活动中的贡献时，不仅增强了公众对学校的认可，也提高了潜在合作伙伴和投资者的信任度。这种信任的建立对于高职院校来说极为重要，它有助于学校吸引更多的资源和资金，为学校的发展提供更广泛的支持。此外，良好的公共形象和社会信誉还能够吸引更多优秀的学生和教师，提升学校的整体教学质量和研究水平。

通过持续的社会服务活动和正面的评价结果，学校能够展示其在社会责任和公共服务方面的持续承诺。这不仅体现了学校的价值观和使命，还能够激励学生和教职员工更积极地参与到社会服务中，增强他们的社会责任感和职业素养。此外，积极的社会服务表现还可以为学校带来与各界的合作机会，包括与政府机构、非政府组织、企业以及其他教育机构的合作。这些合作不仅能够为学校带来新的学习和研究资源，还能够为学生提供实习和就业的机会，增强学生的实践经验和就业能力。

2. 激励参与和提升活动效果

通过建立高效的社会服务评价体系，高职院校及其成员能够更加积极地投身于社会服务项目。设立清晰的评估标准和反馈流程不仅能够激发参与者的动力，还能帮助学校持续改进社会服务的策略和执行效果。这样的评价机制不仅表彰了优秀的社会贡献，也指明了未来改进的方向，从而增强了社会服务项目的质量和社会影响。这种系统的反馈机制确保了社会服务活动能够根据评估结果进行调整，使每一次的服务都更加符合预期目标和社会需求。随着活动效果的提升，参与者的满意度和参与感也会增强，从而形成一个正向的循环，激励更多的学生和教职工参与其中。同时，优秀的社会服务表现及其评价结果也能够为学校在外界的形象增光添彩，吸引外部的关注和支持。这不仅增强了学校的社会责任感，也提升了其在教育界及社会中的声誉和影响力。通过反馈和评价，学校可以识别那些最为有效和受欢迎的服务项目，从而对资源进行更合理的分配，优化那些需要改进的领域。这样的评价体系还能够提供实时数据和见解，帮助决策者了解项目执行的实际情况，确保社会服务活动的透明度和公正性。

3. 促进公益事业的广泛支持与发展

随着高职院校社会服务能力评价体系的日益完善和广泛应用，其社会服务活动及成果开始得到更广泛的社会认可和支持。通过将评价结果公开化和透明化，更多的社会资源——包括资金、政策支持和志愿者——被吸引参与到各类公益项目中。此外，科学的评价机制还为公益项目的策略制定和实施奠定了坚实的数据基础，促进了公益活动的有序发展，并加速了社会整体福祉的提升。这种评价体系的建立和完善不仅增强了公益项目的可信度和影响力，还鼓励了更多社会成员对公益事业的投入和关注。当公众能够直观地看到高职院校在公益领域的努力和成果时，他们更有可能提供必要的支持，包括物质上的捐赠和个人的参与。同时，透明的评价结果使得政策制定者和慈善机构能够根据具体数据做出更加精准的决策，有效地将资源分配到那些最需要或效果最显著的项目中。这种基于效果的资源配置策略，不仅提高了公益项目的成功率，也提高了整体的社会投资回报率。此外，高职院校通过持续的社会服务评价，能够不断优化自身的服务方案和活动，使其更加符合社会需求和期望。这种不断进步的动力来自对评价数据的深入分析和利用，确保了高职院校在服务社会的过程中能够持续自我完善和提高。

4. 带动社会进步与和谐

高职院校通过其在社会服务中的持续参与和影响力，加上公正和科学的评价体系，显著推动了社会的整体发展和和谐。高职院校不仅在解决社会问题方面扮演了积极的角色，还通过创新的方法和实践为其他学校和组织提供了可供学习的模式，促进了整个社会公益事业的进步。经过精确和透明的评估，高职院校的这些实践活动展现出其在促进社会和谐与进步方面的有效性，除了体现在直接的服务成果上，更可以通过教育和社会服务来影响和改变社区。成功的社会服务项目不仅解决了即时的社会需求，还通过教育和培训增强了社区成员的能力，为长期的社会改变奠定了基础。此外，这些院校的活动和成果的公开展示提升了公众对社会服务重要性的认识，激发了更多志愿者和组织的参与意愿，进一步加强了社会各界对公益事业的支持，形成了良性的支持循环，推动了社会和谐与共同繁荣。高职院校的案例和经验也为其他教育机构提供了宝贵的参考，这些机构可以借鉴这些成功的策略和方法，将其应用于自己的社会服务项目中，以此来提升自身的社会服务能力和影响力。通过这种方式，教育机构之间形成了互助学习的网络，共同促进社会服务质量的提升和社会问题的解决。

总之，高职院校社会服务评价结果的应用不仅限于对个别学生或教师的表现评估，它的影响力还延伸到了院校战略发展、人才选拔和社会公益等多个层面。通过不断优化这一评价体系，可以极大地提升高职院校的教育质量和社会服务能力，同时为社会的持续健康发展做出积极的贡献。

第六章　高职院校社会服务能力提升对策研究

第一节　社会服务政策保障体系的构建

高校作为智力、人力资本以及创新资源的集中地，已被公认为经济和社会发展的关键推动力。这种影响力主要通过知识传播、文化引导和社会服务体现，这些功能受到政府、学术界和社会的广泛肯定，特别是在美国，社会服务被视为高校的核心职责之一，经过长期的发展和实践，已形成多种成功模式，如“威斯康星理念”“硅谷”“128 号公路”等，这些都是高校积极参与并引领社会发展的例证。然而，高校引领社会发展并非一种固有属性，而是其自我探索、政府引导和产业驱动共同作用的结果。对中国这样一个快速发展的国家来说，如何创新社会服务模式和方式以拓展高校的社会服务职能，特别是拓展高职院校的社会服务职能成为一个理论与实践并重的问题。社会服务需求的增长，呼唤高职院校在服务社会的过程中寻找新的方法和路径。这不仅是理论上的探讨，更关系到实际操作的紧迫性。为了有效提高高职院校在社会服务领域起到的作用，政策的支持和保障显得尤为重要。政策应当促进政府、产业、教育、研究和应用各方面的深度融合，引导技术的提升和实际应用，从而显著提高高职院校在社会服务中的主动性和创新性。建立一套全面的社会服务政策保障体系，是指导高职院校服务社会新模式的关键。这一体系应当能够打破传统管理方式对服务效用的限制，为高职院校提供充足的自主空间，使其在满足社会需求和保持学术独立、学术自由之间取得平衡。具体来说，高职院校应当利用其在科研和技术方面的优势，探索与地方政府和产业界的合作新模式，通过这些合作推动技术转化和创新应用，同时为学生提供实践和就业的机会。此外，高职院校还应加强与社会各界的沟通和交流，了解社会需求的变化，适时调整教育和研究方向，以更好地服务于社会的长远发展。

一、强化科学服务理念，形成可持续社会服务观

中国高校的社会服务功能源于特殊的历史时期，受政府推动，高校被赋予了学习和借鉴国外先进技术的重要使命。随着时间的推移，高校逐渐找到了适合自己的发展路径。但由于缺乏成熟的办学传统和重学术轻社会服务的观念，高校未能充分认识到提供社会服务的重要性。这导致高校对社会变化和需求研究不足，专业设置更新滞后，进而影响了高校的社会服务能力和社会认可度，特别是对于高职院校而言，这一状况显得尤为重要。

为了改善这一状况并形成可持续的社会服务观，以下几项策略值得重视（如图 6-1 所示）。

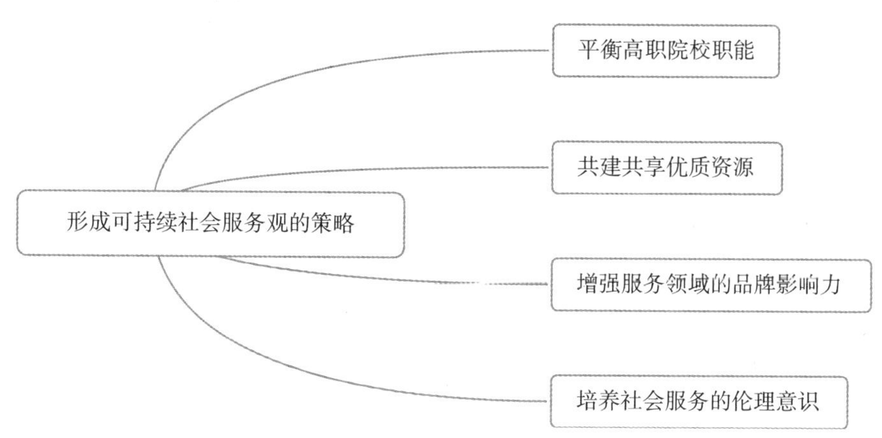

图 6-1　形成可持续社会服务观的策略

（一）平衡高职院校职能

高职院校在现代社会中扮演多重角色，其核心职能包括培养人才、开展科研及服务社会。这些职能虽然各有侧重，但必须相互支持和增强，共同推动高职院校的全面发展和社会进步。为实现这一目标，高职院校必须在维护学术自由和大学自治的前提下，审慎平衡和调整这些职能，确保它们能够响应社会的变化和需求，从而实现高职院校的长远发展与社会责任的有效履行。

人才培养是高职院校教育的基石。高职院校教育应致力于培养具备批判性思维、创新能力和社会责任感的专业性人才，这不仅要求学术教育的高标准和高质量，也要求融入跨学科的知识和技能培训。同时，学生的全面发展需要在理论学习与实际应用之间建立桥梁，这要求高职院校提供更多实践和实习的机会，使学生能够在真实的工作环境中应用其学术知识，提前适应未来的职业生涯。科学研究是推动知识进步和技术创新的重要力量，高职院校应积极响应国家和社会的重大需求，开展前沿科学研究。这不仅能增强学校的学术声誉，还能通过技术转移和知识创新，促进社会和经济的发展。此外，高职院校还应加强与行业的合作，通过合作研发项目，将研究成果转化为实际应用，增强研究的社会和经济价值。社会服务作为高职院校的另一项关键职能，要求高职院校不仅在本地社区，也在更广泛的社会范围内发挥作用。这包括通过文化活动、公共讲座以及与公共政策和社会发展相关的咨询服务，将学术研究成果普及到社会各层面。同时，高职院校应通过各种形式的社会参与活动，培养学生的公民意识和社会责任感，使之成为未来社会的积极贡献者。在这一过程中，高职院校必须确保这些职能互补而非相互竞争，形成协调一致的发展战略。通过持续的自我评估和调整，高职院校能够更好地服务学生、科研社区及更广泛的社会，确保其教育和研究活动能够适应不断变化的全球环境，从而实现其社会使命和战略目标。这种整合性的发展策略，是确保高职院校在全球教育领域保持领先地位的关键。

（二）共建共享优质资源

为了实现更广泛的社会影响和提升教育质量，高职院校必须致力于建立和维护一个开放且高效的资源共享机制。这种机制不仅应涵盖校内教育和研究资源合理配置，还应扩展至与外部社会、商业界以及其他教育机构的广泛合作与资源交流。通过这种全面的资源共享，高职院校能够提升自身在教育、研究和社会服务方面的综合能力，同时为师生提供更丰富的学习与研究环境。

在校内，资源共享意味着跨学科中心的建立，可以促进不同学科之间的交流与合作，这样不仅优化了资源使用，还能激发新的教学和研究火花。例如，图书馆、实验设施和在线教育平台等资源的共享，可以使所有学生和教师受益，提升学习和研究效率。在与外部的合作中，高职院校应积极寻求与地方政府、行业领袖和国际教育机构的合作机会。这种合作不仅可以帮助高职院校获得额外的资金和研究项目，还可以为学生提供实习和就业机会，从而增强学生的职业技能和就业竞争力。例如，与企业共同开发的实验室可以让学生直接参与到真实的项目中，这种实践经验是传统教育所无法提供的。此外，通过与其他教育机构的资源共享，高职院校可以扩大其教育影响力，为学生提供更多的学习选项，包括客座讲师的讲座、在线课程以及联合学位项目。这不仅能丰富学生的教育体验，也能加强高职院校之间的联系，促进了全球教育资源的优化配置。

通过内部资源的优化配置和外部合作资源的积极整合，高职院校可以有效提升其教育和研究水平，增强其在全球教育领域的竞争力。这种资源共享的策略不仅有助于提升学术成就，也能强化高职院校对社会的积极贡献，真正实现教育的社会价值。

（三）增强服务领域的品牌影响力

在当今竞争日益激烈的教育环境中，高职院校必须寻求独特的方法来增强自身在社会服务领域的品牌影响力。这不仅涉及提供多样化和高质量的教育服务，还包括构建与众不同的服务品牌，使其在众多高职院校中独树一帜。为此，高职院校需要充分利用自身的特色和优势，发展出符合自己身份的服务模式，同时紧密关注社会的反馈和需求，确保自身的服务活动真正满足社会的期望和需求。具体措施如下：第一，高职院校需要明确自己的独特优势和特色。这可能包括特定的学术领域、独特的教学方法或者是与本地社区和行业的紧密联系。通过这些独特的资源和能力，高职院校可以开发出符合自身特色的服务项目，如社区服务计划、持续教育课程、企业合作项目等。第二，为建立强大的服务品牌，高职院校必须注重服务质量的持续提升。这包括定期评估和更新服务内容，确保其符合最新的社会和教育需求。此外，高职院校还应通过各种渠道，如社交媒体、公开讲座以及与公众的互动活动，积极宣传其服务成果和案例，以此提高社会的认知度和影响力。第三，高职院校应加强与校友和地方社区的联系，利用这些资源来扩大自身服务的影响力。校友网络不仅可以帮助高职院校获得资金和资源支持，还可以作为高职院校服务项目的推广者和参与者，增强服务活动的实效性和影响力。第四，高职院校还应关注服务活动的社会反馈，这包括通过问卷调查、社会媒体互动等方式收集公众意见和建议。通过这些反馈，高职院校可以调整和优化服务策略，确保服务活动更加贴合社会需求，更有效地提升自身的品牌形象。

通过上述措施，高职院校不仅能够在激烈的市场竞争中凸显自己的服务品牌，还能够实质性地提升社会服务的质量和效果，最终实现自身的社会责任和使命。这种持续的努力将使高职院校成为社会发展的重要推动者，增强其在国内外的声誉和影响力。

（四）培养社会服务的伦理意识

在现代教育体系中，高职院校不仅是知识和技能的传播者，也是伦理和道德观念的塑造者。为此，高职院校应致力于培养师生的社会服务伦理意识，强化其在社会服务中的道德自觉和行为规范。这不仅有助于提升个体的道德标准，还能使高职院校在推广社会良好价值中发挥关键作用。通过这样的努力，高职院校能够为学生提供全面的教育，包括对学术知识的教学，以及对学生责任感和道德观念的培养。第一，高职院校需要将伦理教育纳入教育课程的核心部分，确保每名学生都能接受系统的道德和伦理训练。这包括但不限于课堂讲授、案例分析以及模拟社会服务活动等形式。通过这些活动，学生可以在实际操作中学习如何识别和处理伦理问题，以及如何在面对道德困境时做出合理的判断。第二，高职院校应鼓励并支持教师在进行学术研究和社会服务活动时，始终坚持伦理标准。这不仅涉及研究活动中的诚信问题，也包括在与学生和社会互动中展现的职业道德。例如，高职院校可以通过定期的伦理培训和讨论会，帮助教师不断更新他们的伦理知识，并解决其在教育和研究过程中可能遇到的道德问题。第三，高职院校应担当起批判社会的责任，成为推动社会进步和正义的力量。这意味着高职院校要鼓励他们积极参与到社会改革中。通过组织讲座、研讨会和公共服务项目，高职院校可以培养他们的责任感和公民意识。第四，高职院校还应利用其学术资源和影响力，广泛传播和推广社会良好的价值观。这包括通过公开发表研究成果、参与政策制定以及与媒体和公众互动等方式，深化社会对正义、公平和道德的理解和尊重。

二、发挥合理评价导向机制，促进服务多样化

在当前经济全球化及知识经济快速发展的背景下，高等教育的评价导向机制对于高职院校的发展方向和教育质量具有深远影响。合理的评价体系不仅能够激励高职院校发挥其教育和研究优势，还能促进高职院校服务社会的多样化。本部分将从外部评价和内部考核两个角度，探讨如何构建和完善高职院校的评价导向机制，以支持其在社会服务中起到积极作用。

（一）外部评价机制的完善

1.第三方评估的引入

高等教育机构的社会服务质量和效果是衡量其成功与否的重要指标之一，因此，完善外部评价机制，尤其是引入第三方评估，对于客观准确地评价和提升高职院校的社会服务表现至关重要。通过第三方的独立评估，高职院校能够获得更全面的反馈和建议，从而更有效地调整和优化自身的

服务策略和教育质量。第三方评估的重要性在于其提供了一个独立于高职院校的评价视角。这种评价通常更加全面和客观，能够揭示高职院校在社会服务方面的实际成效和影响力。例如，通过诸如高职院校影响力排名等途径，公众和相关利益方不仅可以看到高校在传统的教学和科研领域的表现，还可以评估它们在社会服务方面的实际贡献。这些排名综合考虑了高职院校的多元影响力，包括其在社会经济发展、文化创新、公共政策参与等方面的活动。这种评价方式促使高职院校不断提升自身的社会服务能力，强化与社会需求之间的连接。高职院校可以根据第三方评估的结果，识别自身在社会服务中的强项和弱点，进而调整资源配置，改进服务策略，以更有效地回应社会的期望和需求。此外，第三方评估的结果也为高职院校提供了宝贵的宣传材料，有助于提高其社会声誉和吸引潜在的学生与合作伙伴。为了进一步提升这种评价机制的效果，高职院校应当积极与评价机构合作，确保评价过程的透明性和公正性，同时要关注评价结果的实用性和操作性。通过这种方式，高职院校不仅能够获得外界的认可，还能够在内部促进各类服务活动质量的提升，确保自身的教育和研究工作能够为社会带来更多的正面影响。

2. 市场竞争机制的引入

在高等教育领域，市场竞争机制的引入和强化对于提高高职院校的社会服务质量和适应性起着至关重要的作用。将竞争原则应用于教育服务，将鼓励高职院校不断优化自身的教育和研究程序，更加关注公众反馈和市场需求，从而提高自身在教育市场中的竞争力和影响力。市场竞争机制首先表现在高职院校之间为吸引学生、资金和声誉而进行的优质服务和创新活动竞赛。这能促使高职院校主动调整其服务和教学内容，以更好地满足学生和社会的多样化需求。例如，通过开设符合市场趋势的新课程，引入实践导向的教学方法，或是提供更多与行业合作的机会，高职院校能够提供更具吸引力和实用性的教育产品。此外，公众反馈有助于形成市场竞争机制。通过在线评价系统、社会媒体平台和其他公众互动渠道，公众可以直接表达对高职院校服务的满意度，这些反馈将成为高职院校改进服务的

重要依据。例如，对于社会服务项目的成功实施，社区成员和合作伙伴的积极反馈可以促使高职院校进一步加大在这些领域的投入和创新。引入市场竞争机制还意味着高职院校需要更加注重自身服务的社会效益，通过教育活动促进社会正义、经济发展和文化繁荣。高职院校通过与地方政府和社区的合作，可以更好地理解和预测社会需求，据此调整自身的研究和教学方向，使其更加贴合时代发展的需求。

（二）内部考核机制的改革

为了不断提升高职院校的教育质量和管理效率，改革内部考核机制也十分关键。为更好地实现内部考核机制的改革，可以从以下三个方面入手（如图 6-2 所示）。

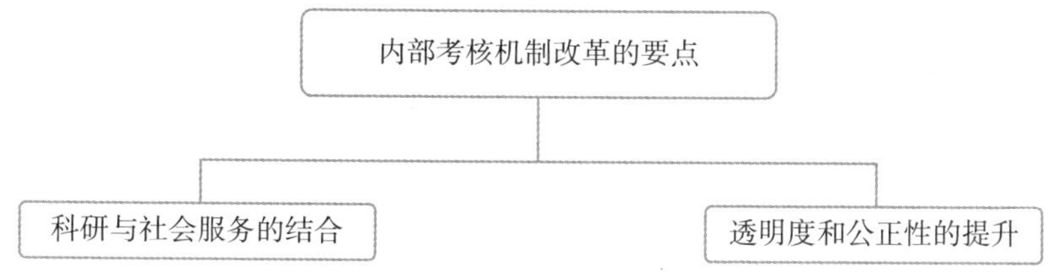

图 6-2　内部考核机制改革的要点

1.科研与社会服务的结合

在高等教育的评价体系中，将科研成果的转化和应用作为重要指标，是推动学术研究与社会需求更紧密结合的关键措施。为了实现这一目标，高职院校应积极鼓励和支持教职工不仅发布高水平的科研成果，更重要的是将这些成果转化为可实际应用于社会的技术和知识。这种转化不仅能增强研究的实用价值，也可以直接反映高职院校对社会发展的贡献度和影响力。

评价体系需要综合考量科研成果转化的效率和范围，包括成果转化为实际应用的速度、覆盖的行业和领域以及对经济和社会的具体贡献。例如，可以通过跟踪研究成果在工业、农业或环保等领域的应用情况，评估其在促进技术创新和解决实际问题方面的效果。此外，对于那些能够针对社会重大问题提供解决方案的研究项目，评价体系应该给予其更高的认可和更大的奖励。这不仅可以表彰研究人员的创新精神和社会责任感，也能激励更多的科研人员投身于对社会有重大意义的研究中。例如，针对当前全球性的健康危机、环境保护或可持续发展等问题的研究项目，应当获得额外的支持和优先的资源配置。通过这种动态的评价机制，高职院校不仅能够激励科研人员追求学术卓越，更能促使他们的工作对社会产生深远的正面影响。这样的评价体系不仅符合高等教育服务社会的根本宗旨，也有助于高职院校在全球教育和研究领域保持竞争力。最终，这将促进学术研究的社会化和产业化，发挥高职院校在社会经济发展中的核心作用，从而更好地服务于社会和人类的发展需求。

2.透明度和公正性的提升

在高等教育管理中，确保考核制度的透明度和公正性是构建有效、可信的评价体系的基石。为了实现这一目标，高职院校需要制定和执行公开透明的考核流程，使所有评价活动都能够受到广泛的监督和评审，从而提升整个教育体系的公信力和效率。

高职院校应公开自身的评价标准和考核流程，确保所有教职工和学生都能够理解评价的依据和方法。这包括详细解释如何评估教学质量、研究成果、社会服务等各方面的表现，以及这些评价结果如何影响教职工的晋升、奖励以及资源分配。高职院校应定期发布评价结果和相关统计数据，提供足够的透明度，使外部利益相关者，如学生家长、潜在雇主和政策制定者等能够洞察高职院校的教育和研究表现。此外，高职院校的考核制度还应接受外部的监督和评审。这可以通过邀请独立第三方机构定期审核和评估其评价流程和结果来实现。第三方评审提供的客观反馈，能帮助高职院校识别和改进考核制度中存在的问题，并提升外部社会对高职院校评价制度公正性的信任度。同时，为了进一步增强透明度和公正性，高职院校应建立有效的申诉和反馈机制。当教职工或学生对评价结果有异议时，应有明确的程序允许他们提出申诉，并确保这些申诉得到公正、及时的处理。这不仅可以保护教职工和学生的权益，也可以提升整个评价体系的正义性和合理性。

总体而言，通过外部的公开评价和内部的精准考核，高职院校可以更全面地理解并实践社会服务的理念，不断探索和发挥自身在社会发展中的独特作用。这种评价导向的改进不仅能帮助高职院校准确定位自己在教育市场中的位置，还能激发其在社会服务中的创新潜力，实现与社会需求的更紧密结合。

三、完善服务激励机制，激发服务积极性

在中国特色社会主义理论体系下，政府在推动高等教育发展中发挥着重要作用。随着社会主义市场经济的发展和政府治理现代化水平的提升，政府已逐步从实施刚性强制政策转向采用激励引导性政策，这不仅放权于高职院校以减少管理上的弊端，还通过明确政府对高职院校社会服务职责的期望，激发高职院校服务社会的积极性。以下内容将详细阐述政府如何通过法律、政策以及合作机制来完善服务激励机制，从而提高高职院校在社会服务中的贡献度。

（一）法律和政策框架的建立

在中国的教育体系中，法律和政策框架扮演着至关重要的角色，确保高等教育机构有效履行其社会服务职责。通过这一框架，国家不仅强化了高职院校在促进社会和经济进步中的功能，还确立了其在社会服务领域的责任和方向。这些法律和政策是高职院校进行社会服务活动的指南和基础，它们定义了高职院校的职责，并提供了必要的支持和指导，以确保高职院校能够对社会做出积极贡献。《高等教育法》是高校社会服务职能的法律基石，明确规定了高校在服务社会、推动科技进步、促进文化繁荣等方面的重要作用；《国家中长期教育改革与发展规划纲要（2010—2020 年）》进一步强调了高校应该如何全面地参与到社会服务中，涉及从科技创新到文化交流等多个层面；《教育部关于全面提高高等教育质量的若干意见》具体阐述了高校在服务经济发展和产业转型中应担当的角色。这些文件不仅指明了方向，还提供了操作上的指导，使得高职院校能够更具体地理解和实施

其社会服务职责。这些政策鼓励高职院校利用其资源和专长，为地方和国家的发展提供支持，包括通过研究和技术创新解决实际问题，以及通过教育培养所需人才。进一步地，这些法律和政策还鼓励高职院校建立与地方政府和行业的合作，这种合作不仅加强了高职院校与社会的联系，也促进了知识与技术的实际应用，从而直接服务于社会和经济的需求。

（二）政府与高职院校的合作机制

在中国高等教育的发展战略中，政府与高职院校之间的合作机制起到了至关重要的作用，有效促进了高职院校、企业及科研机构之间的协同与合作。这种机制不仅增强了教育资源的利用效率，也推动了科技创新和人才培养质量的提升。通过政府的政策支持和财政激励，高职院校得以更积极地参与到国家的社会服务和经济发展中，尤其是在紧缺领域的人才培养和产教融合实践中表现出色。政府通过发布《教育部办公厅等七部门关于教育支持社会服务产业发展 提高紧缺人才培养培训质量的意见》等政策文件，明确指导和鼓励高校与企业之间建立深度合作关系。这种政策指导不仅涵盖了对紧缺人才的培养，还促进了校企之间在技术研发和知识转移方面的合作，从而直接响应了市场需求和社会服务的挑战。此外，如《国家产教融合建设试点实施方案》所示，政府提供的财政激励和政策支持极大地激发了高职院校在产教融合项目中的积极性。这些措施不仅帮助高职院校优化教育资源配置，还加强了高职院校与行业的联系，使得教育更加贴近实际工作场景，提升了教育的应用价值和社会效益。政府的角色不仅限于政策制定者和财政支持者，更是协调者和促进者，通过建立和维护一个多方参与的合作平台，确保高职院校、企业和科研机构之间的利益和资源能够得到有效整合和共享。这种协调工作包括但不限于确保合作项目的透明度、监督实施过程中的合规性，以及评估合作成效，确保每个参与方都能在合作中获得公平的利益。

（三）资金和资源的支持

在推动高职院校更好地履行其社会服务职责的过程中，政府的财政预算和专项基金发挥着至关重要的作用。通过这些财政支持，高职院校能够扩大其科研和教育活动的范围，特别是在人才培养、科研平台建设及产学合作等关键领域。有效的资金注入不仅加强了高职院校的基础设施建设和研究能力，也为高职院校与行业之间的深度合作提供了必要的资源，促进了科技创新和知识转化的实现。

政府的资金和资源支持通常体现在几个方面：首先，直接资助高职院校在科技前沿领域的研究和人才培养项目。例如，针对智能制造这一区域重点发展产业，政府通过设立专项基金，支持高职院校建立“智能制造实训基地”，联合行业龙头企业开发模块化课程体系，并定向培养具备工业机器人操作、智能产线维护等技能的高技能人才。这种支持不仅限于经费投入，还包括提供政策优惠、税收减免等多种形式的激励措施，以鼓励高职院校和企业的合作研发。其次，政府通过设立创新基金、研究资助等方式，鼓励高职院校教师和学者开展具有实际应用潜力的科研项目。这些项目往往聚焦于解决社会和经济发展中的实际问题，如环境保护、能源开发、公共健康等，其成果能直接转化为社会可利用的技术和解决方案。最后，政府还积极推动高职院校与行业的协同育人和科研合作项目，通过资金支持建立校企合作平台，促进高职院校科研成果的产业化。这不仅有助于学生获得实际工作经验，也为企业提供了接触最新科研成果和招募优秀人才的途径。

这些财政支持措施对于激发高职院校参与社会服务的积极性具有重要意义。通过这样的资金和资源投入，高职院校能够更好地服务于国家和社会的发展需求，同时增强了自身在国内外教育和科研领域的竞争力。政府不仅是资金提供者，更是高等教育发展的战略引领者，通过这些措施促进了教育资源的优化配置和高等教育整体质量的提升。

（四）社会合作机制的完善

在中国的高等教育体系中，政府正在积极采取措施以强化高职院校与社会各界的合作，从而提高教育质量并加强其对社会的贡献。为了确保高职院校能够有效地履行其社会服务职责，政府不仅需要通过法律和政策提供支持，还必须建立全面的社会合作机制，以促进高职院校与公共部门、私营企业及非政府组织之间的合作。第一，政府通过制定相关法律和政策来规范高职院校的对外开放行为，确保其在参与社会服务时的行为符合国家标准与法规。第二，政府还应鼓励和支持地方政府与高职院校合作，尤其是在资金支持方面。地方政府可以为高职院校提供更多资源，支持其开展社会服务项目，如社区发展、环境保护和公共健康等领域的活动。这种从地方到国家层面的支持结构，不仅增强了高职院校服务社会的能力，也加深了高职院校与地方社区的联系。第三，政府还应促进高职院校与企业的深入合作。通过建立校企合作平台，如产学研联合体，政府可以帮助高职院校与企业共同开发新技术和新产品，促进科研成果的转化和创新。这种合作不仅有利于学术研究的应用，也能够助力企业创新和地区经济发展。第四，政府应通过建立和维护一个多方参与的合作网络，确保高职院校能够在多个层面与社会各界进行交流和合作。这包括支持高职院校参与国际合作项目，以及与国际高校和研究机构合作，提升中国高职院校的国际影响力和竞争力。

通过上述措施，政府不仅能够明确引导高职院校服务社会的方向和目标，还能提供必要的支持和激励，确保高职院校能够在社会服务中发挥最大的潜能，为社会的全面发展做出更大的贡献。

第二节　地方企业与高职院校产学研联合的加强

一、深化校企合作的战略意义

地方企业拥有先进的技术设施和成熟的市场运营体系，而高职院校擅长人才培养和科技创新，二者的结合可以有效促进区域经济的发展与创新教育的深化。通过策略性地加强校企合作，可以实现资源的有效整合和优势的最大化互补，推动地区经济结构的优化和教育质量的提升。校企合作能够为地方企业提供精准的人才支持和创新的技术研发力量。企业通过与高职院校深入合作，不仅可以参与到课程设置和实训项目的设计中，还能够根据自身需求定向培养所需的专业技能人才，不仅能提高人才的就业率，也减少了企业在人才培养方面的时间和成本。同时，高职院校的科研能力和创新资源可以为企业解决实际技术问题提供支持，加速新产品的研发和创新。此外，校企合作还可以促进教育内容与产业实际需求的紧密结合。通过实际案例的引入和企业实战经验的融入，教育教学更加贴合市场需求，能够增强学生的实际操作能力和问题解决能力。这种教育模式的转变，不仅可以提升学生的综合素质，还能够直接响应区域经济的发展需要。加强校企合作还有助于构建开放型的教育和创新体系。高职院校与企业紧密合作，可以建立起一个互利共赢的创新网络，其中包括共享实验室、研发中心和人才培养基地等。这样的合作模式不仅能够提升双方的资源利用效率，还能够在更大范围内推广创新成果和技术应用，加速技术的商业化。

二、共建特色产业学院的实践案例——华为 ICT 学院

江西交通职业技术学院与某技术有限公司的合作是校企合作模式的杰出代表，他们联手创建了华为 ICT 学院。双方通过共同制定并分阶段实施的建设方案，成功建立了一个集合了“1+X”证书体系、华为认证及教学实践的综合实训基地。这种创新的合作模式极大地促进了教育与产业需求之间的紧密对接，显著提升了教育的实用性和对市场变化的快速响应能力。

华为 ICT 学院的成立不仅是高职教育与高科技企业合作的典范，更是对现有教育模式的一种革新。在这种合作模式下，学院能够直接将企业的最新技术和市场动态融入课程，使课程内容和教学方法时刻保持与行业前沿同步的水平。通过实际的项目操作和技术实践，学生能够在学习期间紧密接触职场的实际需求，极大地提升了他们的职业竞争力。此外，华为 ICT 学院的教育模式还包括企业内部的高级技术人员直接参与教学和课程设计。这种“企业进校园”的模式，不仅为学生搭建了学习先进技术的平台，也使教育更加贴合实际工作的需求，有效解决了传统教育与行业需求脱节的问

题。学院还定期评估教育成果，并根据产业技术发展的需求调整教学内容，确保教育的持续性和前瞻性。

华为 ICT 学院作为教育与产业深度融合的典范，其成功在于双方的共同努力和资源共享。学院不仅提供了技术人才培养的新模式，也为地方经济的技术升级和产业转型提供了强有力的支持。这种模式的成功实施为更多行业与教育机构之间的合作提供了可借鉴的经验，显示了特色产业学院在促进教育现代化和地区经济发展中的重要作用。

三、地方企业与高职院校产学研联合的要点

地方企业与高职院校产学研联合的要点主要有以下几点，以确保双方合作的有效性和持续性（如图 6–3 所示）。

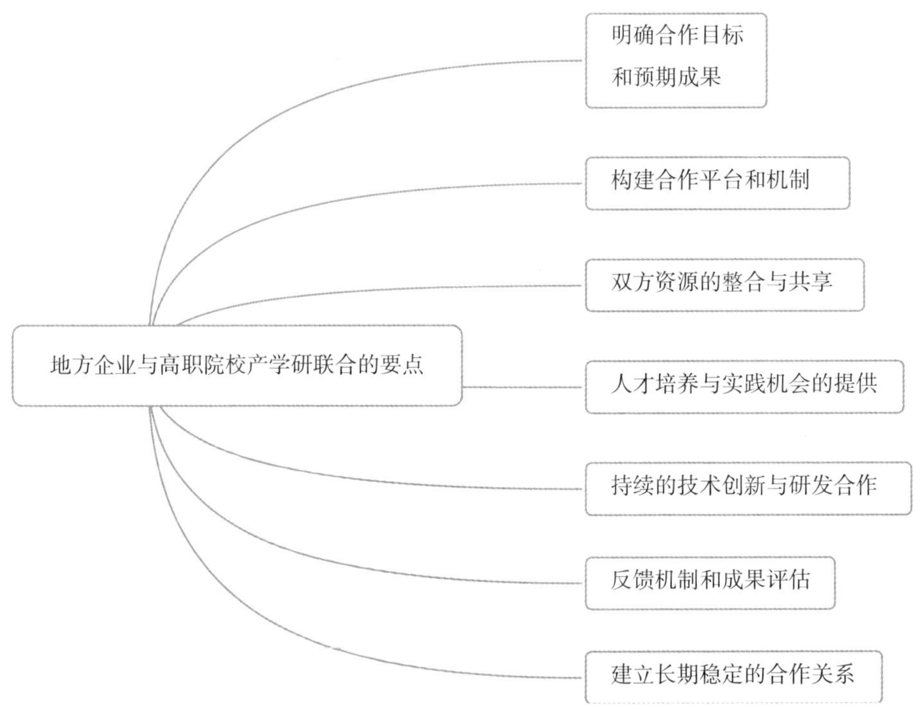

图 6–3　地方企业与高职院校产学研联合的要点

（一）明确合作目标和预期成果

在开展校企合作之初，关键的一步是双方共同明确合作的具体目标和所期望取得的成果。这涉及人才培养方案、科研合作的具体项目以及技术开发方向的详细规划。通过精确定义这些目标，不仅可以确保双方在合作过程中的期望和实际操作保持一致，还能大大减少因目标不明确而导致的资源分配不当和时间浪费问题。第一，合作双方需要就人才培养的目标进行详尽讨论，包括所需培养的人才类型、所需掌握的技能、教育水平以及培养的具体方式和方法。这一步骤对于高职院校尤为关键，因为它直接关系到教育内容和方法的设计，确保培养的学生能够符合企业的实际需求。第二，科研合作的目标应当具体到每一个项目，明确研究的具体问题、预期解决的技术难题、项目的时间框架以及所需的资源投入。这不仅有助于科研团队明确研究方向，也有助于企业调整资源配置，确保研究成果的应用价值最大化。第三，技术开发的方向应紧密结合企业的长远发展战略和市场需求，以及高职院校的科研能力。明确技术开发的具体目标，可以保证研发活动不偏离市场需求，同时能提高研发效率和成功率。

通过这样的前期准备和规划，校企合作可以更加高效，实现资源的最优配置和合作成果的最大化，从而有效推动双方在人才培养、科技研发等方面取得实质性进展。

（二）构建合作平台和机制

为确保校企合作的有效性和持续性，重要的一步是建立一个稳固的合作平台，并配套完善的合作机制。这些平台，如产业学院或联合研发中心，不仅为双方提供了一个具体的操作和交流空间，也成为实现共同目标的组织基础。此外，明确和详尽的合作机制是确保项目顺利推进及成果公平分配的关键。第一，合作平台的建立应当基于双方共识，这样的平台可以是物理的，如实验室和研究设施，也可以是虚拟的，如在线协作系统。这些平台的建立应充分考虑到合作的具体需求，如设备的先进性、数据交换的安全性和操作的便利性等，以此促进双方在研究开发、人才培养等方面的深入合作。第二，合作机制的构建需要详尽规划，涉及合作协议的签订、项目管理流程的设立、成果共享机制的确定等方面。合作协议是明确双方权利和义务的法律文件，它应详细列明合作的范围、各方的责任、资金投入、知识产权归属等关键条款。项目管理流程则确保合作项目按照既定计划执行，包括项目启动、执行、监控以及结束的每一个环节。成果共享机制则是保障双方公平受益的基础，确保无论是知识产权还是经济利益，双方都能按照事先的约定进行分享。第三，建立定期评估和调整的机制也非常关键。这一机制有助于双方及时了解合作进展，评估合作效果，并根据反馈进行必要的调整。这种动态的管理方式可以有效应对合作过程中可能出现的各种问题，确保合作关系和项目始终保持在最佳状态。

（三）双方资源的整合与共享

在校企合作中，资源的整合与共享不仅是提高合作效率的基础，也是实现优势互补、增强合作深度的关键步骤。通过有效地融合双方资源，企业和高职院校能够更好地满足彼此的核心需求，从而提升整体合作的质量和效果。

企业方面，其主要贡献包括市场信息、具体的技术需求、资金投入以及先进的设备资源。这些资源对高职院校来说，不仅可以指导教学内容的实时更新，使之更贴近市场需求，还能直接支持高职院校的科研项目和技术开发，使研究工作更具应用价值和市场导向。此外，企业的资金和设备支持可以显著提高教学和研究的质量，为学生提供更多实际操作的机会。高职院校则以其在技术研发、人才培养方面的专长回馈企业。高职院校提供的技术支持和研发成果可以帮助企业解决技术难题或开发新产品，推动企业技术创新和升级。同时，高职院校培养的学生直接对接企业需求，为企业输送新鲜血液，这些经过专门培训的毕业生将成为企业未来发展的重要力量。资源共享的实现需要建立一个明确的机制，包括但不限于合作协议、定期会议和联合工作小组等。这些机制可以帮助双方持续监控资源使用情况，评估合作效果，并在必要时做出调整。此外，双方应通过定期的策略对接会议，确保资源共享与合作方向的一致性，适时调整合作策略以应对市场和技术的快速变化。

通过这样的资源整合与共享，校企合作能够达到真正的“1+1>2”的效果，不仅促进了企业的创新和发展，也提高了高职院校的教育和研究能力，实现了双方的共赢和社会价值的最大化。

（四）人才培养与实践机会的提供

为了确保人才培养更加贴合企业的实际需求，高职院校与地方企业之间的合作应重点关注实践技能的培养和专业知识的应用。通过引入定制化的课程设计、建立实习实训基地以及采用订单式人才培养模式，合作双方可以共同开发适应企业发展需求的人才培养方案，从而有效地提高学生的职业技能和解决实际问题的能力。第一，定制化的课程设计使教育内容直接对接企业的技术和业务需求。通过企业技术人员的直接参与或反馈，高职院校可以调整和优化课程结构，确保教学内容既有理论深度又不脱离实际应用。例如，课程可以围绕企业当前的技术难题和市场需求设计，使学生能够在学习过程中直接接触到行业最前沿的技术和问题。第二，实习实训基地的建设提供了必要的物理平台和资源，使学生能够在真实或模拟的工作环境中进行学习和实践。这些基地通常配备企业实际使用的设备和技术，学生在这样的环境中训练，不仅能够迅速提高操作技能，还能增强其工作适应能力和创新能力。第三，订单式人才培养模式则是校企合作中一种更为紧密的合作形式。在这种模式下，企业直接参与人才培养的全过程，从课程开发、教学实施到学生评估都有企业的参与。此外，企业还会根据自身需求提前“订购”所需人才，学生毕业后直接进入企业工作，这极大地提升了教育的针对性和效率。

通过这种多层次、多角度的合作，不仅可以确保人才培养更加符合市场和企业的实际需求，还能显著提升学生的就业率和职业发展潜力。这种以实践为导向的教育模式，有效地解决了传统教育与实际工作之间的脱节问题，是校企合作中至关重要的一环。

（五）持续的技术创新与研发合作

在校企合作模式中，持续的技术创新和研发合作是推动双方共同发展的重要驱动力。高职院校与企业的合作不仅限于人才培养，更包括共同开展面向市场需求的技术研究和产品开发。通过这种合作，高职院校可以将其科研能力转化为实际的技术解决方案，帮助企业攻克技术难题，同时促进学术研究的实用化和市场化。第一，合作双方应确立一套有效的技术研发合作机制，包括项目选择、研发团队组建、资金投入和成果分配等方面。这种机制应当能够保证研发活动的高效性和成果的公平性，使得双方都能在合作中获得相应的技术和经济回报。第二，高职院校的科研团队应积极响应企业的实际需求，将研究方向与企业的技术发展需求对接。这不仅可以提升研究的针对性和实效性，也有助于学术成果的转化。企业则应提供必要的技术背景支持和市场导向信息，确保研究项目的市场适应性和前瞻性。第三，企业与高职院校应共同建立面向应用的研发平台，如联合实验室、技术创新中心等，这些平台不仅为双方提供研发设施和资源，也成为技术交流和人才培养的重要基地。通过这些平台，企业可以直接参与到研究过程中，提出建设性意见和需求，而高职院校则可以获得第一手的行业信息。第四，持续的技术研发合作应注重长期效益和持续投入。合作双方应定期评估合作效果，根据评估结果调整合作策略和研发方向，确保技术合作项目能持续产生创新成果，为企业的持续发展和高职院校的科研升级提供动力。

（六）反馈机制和成果评估

校企合作的持续优化，依赖一个全面的评估和反馈体系。这种体系允许合作双方监控项目的进度，并根据实时数据进行必要的策略调整。这不仅有助于达成合作目标，还可以及时发现并解决合作中出现的问题。合作双方需要协商确定一套明确的评估标准和程序。设定详细的项目里程碑和性能指标是评估合作成功的关键。这些标准应包括预期成果和质量保证措施，确保所有项目活动均可衡量并达到预定标准。实施动态反馈机制对于校企合作同样重要。反馈应涵盖项目的各个方面，从技术开发到人才培养，从资源配置到操作执行。有效的反馈机制可以通过多种渠道实现，如定期的策略会议、项目进展报告或实时数据监控系统，以确保信息的透明流通和问题的即时识别。定期进行成果评估是反馈机制的核心部分，帮助量化合作成效，分析资源投入与产出效率，并识别偏离预期的元素。这些评估不仅为项目调整提供了科学依据，也是制定未来策略的重要数据源。依据评估和反馈的结果，合作双方应制定具体的改进措施。这可能涉及资源的重新配置、时间计划的调整、技术方法的优化或人员培训的加强。通过这种持续的反馈和优化循环，合作项目能够更有效地适应变化，提高整体的项目效率和成果质量。

建立健全的评估和反馈体系是校企合作成功的关键，不仅能提升项目管理的效率，也加深了合作双方的信任与合作关系，确保了项目的长期成功与双方的共同发展。

（七）建立长期稳定的合作关系

为了确保校企合作能够持续并取得成功，非常关键的一步是建立一种基于优势互补、互利共赢和共同发展原则的长期稳定的合作关系。这种关系的构建不仅能够提升双方的合作深度，还能有效地促进资源共享，使双方的利益最大化。建设校企合作的长期性关系需要从认识到执行的每一个层面都进行深入的考量和规划。首先，合作开始之初，双方应确立共享的愿景和目标，并对合作的具体内容和形式达成一致。这包括明确合作的范围、合作的具体项目、期望的成果以及各自的责任和贡献。其次，为提高合作关系的稳定性和持久性，双方需要在合作的过程中不断加强沟通，确保合作项目能够符合双方的期望和市场的变化。这不仅有助于及时解决合作中出现的问题，也有助于调整和优化合作策略，使合作始终保持活力和适应性。再次，拓宽合作渠道也是巩固合作关系的重要策略。通过探索新的合作领域，引入更多元的合作模式，如联合研发、技术转让、人才交流等，可以有效地丰富合作的内容和形式，提升合作的深度和广度。最后，为了确保合作关系的长期稳定，双方应定期评估合作效果，通过定期的反馈和调整机制来应对合作过程中可能出现的挑战。这种评估不仅可以帮助双方清晰地看到合作带来的具体成果，也可以作为未来改进和加强合作的依据。

通过上述措施，地方企业与高职院校可以共同探索新的合作模式，推动产学研合作的纵深发展，实现双方以及区域经济和教育的共赢。

第三节　高职院校自身内部建设的完善

为了有效地响应社会需求并提升教育质量，高职院校必须不断完善内部建设，确保教育活动、科研能力和社会服务能力的同步发展。本节将详细探讨高职院校自身内部建设的要点（如图 6–4 所示）。

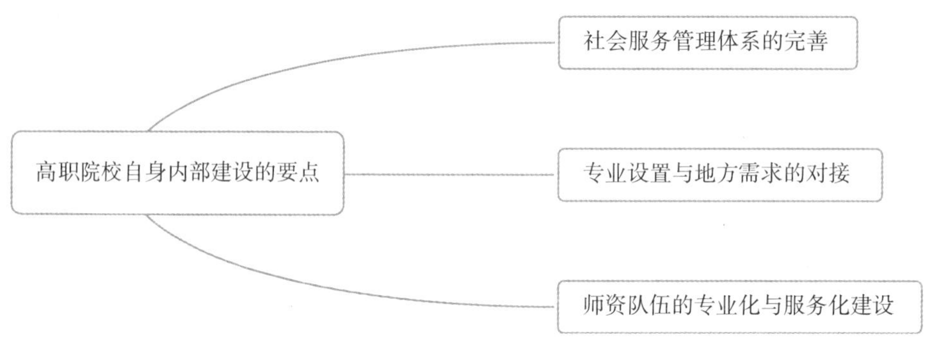

图 6–4　高职院校自身内部建设的要点

一、社会服务管理体系的完善

为确保高职院校在社会服务领域的有效参与和持续贡献，必须构建一个全面的管理体系。这包括制定详尽的管理办法、明确的制度条例以及实施目标。良好的管理体系不仅规范了高职院校社会服务活动的流程，也提高了其执行效果的可预测性和可持续性。例如，江西交通职业技术学院在社会服务活动中特别重视科研管理的规范化和激励机制的建立。学院通过完善科研管理制度，建立了一套科技创新的长效激励机制，不仅包括将科研成果转化为教学课时的量化标准，也将这些标准应用于教师的职称评审和奖励体系中。这种做法有效地提升了教师参与科研工作的动力，促进了教育质量和科研成果的双向提升。此外，该校还注重科技创新与教学质量的融合，通过实践探索科研活动与教学的相互促进。在职称评审中加大科技创新工作的权重，鼓励教师参与科研活动。通过将应用技术服务企业生产的项目纳入职称评审的业绩条件，有效地解决了以往过度重视论文和理论研究的问题。这种系统的社会服务管理体系不仅为高职院校的科研和教学活动提供了强有力的支持，也为社会服务的质量和效果提供了保障。通过这些措施，高职院校能够更好地服务于社会发展需求，同时提升自身在教育和科研领域的综合实力和社会影响力。

二、专业设置与地方需求的对接

高职院校在专业设置与发展方面需紧密依据国家政策导向及地方经济的具体需求进行规划。在这一过程中，学校不仅需要对现有专业结构进行周期性的评估和更新，还应致力于创新专业内容，以满足地方经济发展的新动态。通过这种动态调整机制，高职院校能够有效地支撑地方经济的持续增长，为地区提供必要的人才储备、技术研发和科研支持。以江西交通职业技术学院为例，该校积极配合江西省的“交通强省”发展战略，针对交通运输、新能源等地方重点产业的需求，调整和新增了相关专业。该校通过建立灵活的专业动态调整机制，确保其教育培养方案与地方工业发展紧密相连。这不仅增强了教育的实用性和前瞻性，而且促进了学院与地方经济的深度融合。此外，江西交通职业技术学院还通过密切跟踪产业技术发展趋势和市场需求，持续优化课程设置和教学方法。该校注重实践教学与理论教学的结合，增强学生的职业技能和创新能力，从而更好地服务于地方产业升级和技术创新。该校的专业调整不仅限于传统领域，还积极探索与新兴技术相关的专业，如虚拟现实（VR）、移动物联网等，以预见未来技术发展的需求。通过这样的专业设置，该校不仅为学生提供了与时俱进的教育机会，也为地方经济的多元化和高技术化发展提供了坚实的人才和技术支持。

总之，高职院校在专业设置与地方需求的对接过程中，必须采取主动和快速响应的策略，通过不断的专业创新和调整，确保教育内容的时效性和适应性，为地方经济社会的发展做出积极贡献。

三、师资队伍的专业化与服务化建设

对高职院校而言，构建一支既精通专业技术又具备强烈服务意识的教师队伍是提升教育质量和社会服务能力的关键。通过采取创新的人才培养机制和教师发展策略，高职院校可以有效地提升教师队伍的整体能力和服务水平。江西应用技术职业学院便是通过一系列具体措施，成功地提升了教师的职业能力和创新精神。该校实施了青年教师导师制度，通过资深教师的指导帮助青年教师快速成长；同时，引入企业锻炼制度，让教师亲身体验工业现场，增强其实际操作能力和现场解决问题的能力。此外，还通过教学业务能力竞赛制度，激发了教师之间的学术竞争，推动了教学方法的创新和教学质量的提升。这种“双师双能双创”的模式不仅强化了教师的专业技能和教学能力，还培养了教师的创新和创业精神。教师能够将最新的行业知识和技术趋势带入课堂，更好地将教学内容与实际工作需求对接，从而显著提升学生的就业竞争力和适应性。

通过这些措施，高职院校能够在应对快速变化的教育需求和社会挑战时保持竞争力和相关性，从而有效地推动教育质量和社会贡献的双重提升。这种内部建设的全面完善是高职院校实现可持续发展和担负起社会责任的关键。

第四节　打破高职院校教师的传统观念束缚

在高职院校的发展中，打破教师的传统观念束缚是推动教育创新和提

高教学质量的关键。要想实现这一点，可采取以下方法（如图 6–5 所示）。

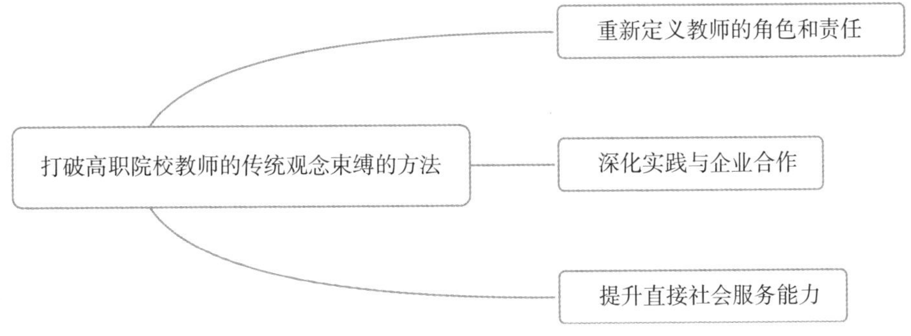

图 6–5　打破高职院校教师的传统观念束缚的方法

一、重新定义教师的角色和责任

（一）更新服务观念

传统的高职院校教育模式往往重视课堂教学和学术研究，而忽视了与社会服务的直接联系。为了适应当今社会的发展需求，教师必须转变这一教学理念，重视社会服务的核心作用。

第一，教师需要打破仅将教学和科研视为职责的旧有思维模式。在当前经济和社会快速发展的背景下，教育不应仅限于传授知识和完成研究任务，更应承担起推动社会进步的重要职责。这要求高职院校的教师在传授专业知识的同时，关注其应用于解决实际社会问题的能力。

第二，教师需要培养积极的社会服务意识。这意味着教师不仅是知识的传播者和科研的从事者，更是社会发展的参与者和推动者。通过参与社会服务，教师能更直观地理解社会经济发展的趋势和需求，从而有效地将教学内容与实际需求相结合，提高教育的适应性和实效性。

第三，教师需要认识到教育与社会经济发展的密切联系。社会经济的每一次重大变革都对教育提出了新的要求和挑战。教育的内容、方法乃至目标，都应随着社会的发展而不断调整和优化。因此，教师应通过不断的学习和实践，提升自己的社会服务能力，使教学和研究工作更加贴近社会的实际需要。

通过这种理念的更新和角色认知的转变，高职院校的教师将能更有效地对接社会需求，促进学生的全面发展，为社会的持续进步贡献力量。这种从内到外的变革，不仅能提升教师自身的职业价值和满足感，也能显著提高教育活动的社会影响力和实际效益。

（二）提高素质和参与度

在高职院校中，中青年教师的角色尤为关键。他们不仅是知识的传递者，更是连接学术与社会实践的桥梁。因此，强化这一群体的参与意识和提升其整体素质是教育改革的重点。

第一，鼓励中青年教师积极参与社会服务活动。这不仅是其教学职责的延伸，也是提升个人职业技能和综合素质的有效途径。通过直接参与解决社会问题，他们能够在实践中深化理论知识，提高解决实际问题的能力，从而促进个人成长，加深对所教学科实际应用的理解，使得教学内容更加贴近社会需求。

第二，响应国家的“双高计划”。该计划旨在通过提升教育质量和建设高水平职业院校来促进教育和社会服务的融合发展。中青年教师应主动响应这一政策导向，通过提升自身的教学和研究能力，增强服务社会的能力和信念。这包括但不限于参与相关培训、研讨会以及与行业的合作项目。

第三，高职院校应为中青年教师提供更多的平台和机会，使其能在社会服务中扮演更加积极的角色。这不仅能增强教师的职业满意度，也有助于建立一支既懂得传授知识又能解决实际问题的教师队伍。通过这样的实践，教师的社会责任感和使命感将得到增强，进而推动高职教育质量的整体提升。

通过这种多维度的培养和激励机制，中青年教师将更好地融入社会服务的大潮，以其专业能力和创新思维为社会发展贡献新的力量。这种以人为本的培养策略不仅有助于教师的个人职业发展，更符合教育改革的总体趋势，为高职院校培养出更多能够适应社会发展需求的高素质人才。

二、深化实践与企业合作

（一）强化实践经验

在高等职业教育的过程中，实践经验的积累对于应用型人才的培养至关重要。这种实践经验不仅增强了教师和学生对专业知识的理解，而且直接提升了他们解决实际问题的能力。为此，应鼓励教师深入企业和行业，参与实际的工作流程，从而更有效地将理论与实践相结合。

教师通过直接参与企业的日常运营和项目管理，可以获得宝贵的一线经验，从而使课堂教学与实际工作需求紧密对接。这种跨界的职业发展模式不仅能增强教师的职业技能，也能为学生提供更为丰富和真实的学习案例，有助于提高学生的就业竞争力。此外，教师在企业中的亲身体验将帮助他们把握行业动态和技术发展趋势，进而及时调整和更新教学内容和方法，确保教育内容的时效性和前瞻性。这种与企业的紧密合作也有助于学校构建持续学习和改进的教学环境，通过实际经验的不断反馈，优化课程设计，使教学更加贴合实际应用。为了实现这一目标，高职院校与企业之间的合作应当更加深入、系统，如建立稳定的实习基地、设立联合研发中心，甚至共同开发课程，共同培养人才。这不仅能够提升教师的实战能力，学生也能从中获得真实的行业经验，为将来步入职场做好充分的准备。

（二）营造互利合作环境

为了加强企业与教育机构之间的联系，实现资源的优化配置与共享，应营造基于互利互惠原则的合作环境。这种环境不仅有助于提升教育质量，也能促进企业的创新和成长。在这一合作模式下，高职院校可以将其学术资源和研究能力与企业的实际需求相结合，共同探索解决行业问题的新方法。在企业的生产实践和科技研发活动中，教师的参与是这种合作模式的关键。教师通过这种方式不仅能够将自己的理论知识转化为实践经验，也能为企业带来新的视角和创新思路，从而共同推动科技进步。此外，通过教师与企业的深入合作，可以组建一个功能全面的科技服务团队。该团队汇聚来自高职院校的研究人员和企业的工程师，在项目中发挥各自的优势。这种跨领域的团队合作不仅能解决复杂的技术问题，还能在解决问题的过程中提升学生的实际操作能力和创新意识。

企业通过这种合作获得的不仅是短期的项目支持，更是长远的人才培养和技术积累。高职院校也能通过这种方式保持教育内容的前瞻性和实用性，使其教学成果更符合市场需求。此外，学生也能从中获得宝贵的实践经验，为未来的职业生涯奠定坚实的基础。

三、提升直接社会服务能力

（一）增强综合素质

教师作为学生的引导者和知识的传递者，需要具备高度的教育责任感和专业素养。因此，要想增强教师的综合素质，不仅要提高其学术能力，还要提升其对现实世界的敏感性和解决问题的能力。这要求教师不仅在专业领域精耕细作，更要关注社会经济发展的大趋势，理解这些变化如何影响教育领域和学科发展。高职院校应鼓励教师主动参与到解决社会和经济问题的研究中。通过这样的参与，教师可以获得更深入的实践经验，一方面能提高解决问题的能力，另一方面可以将这些实践经验转化为课堂教学的内容，使教学更加贴近实际，更有助于学生理解和应用所学知识。此外，高职院校应为教师提供必要的资源和支持，如访问学术会议的机会、参与跨学科项目的平台以及与行业合作的机会，通过定期的专业培训和学术交流，帮助教师持续更新知识体系，不断提高教育技巧。

通过持续提升教师的综合素质，可以更有效地避免教学与实践之间的脱节，使教育更加适应社会和经济的需求。这不仅有助于教师个人的职业发展，也有助于提高教育质量，培养出能够面对未来挑战的学生。

（二）提供具有实效性的社会服务

为了确保社会服务活动能够达到最优效果，高职院校应当激励教师选择参与与其专业和研究领域密切相关的项目，通过专业对接来增强社会服务的针对性和实际影响力。专业一致性是提高社会服务成效的关键因素。教师在熟悉的领域内提供服务，不仅能更快地适应环境，还能更深入地了解服务对象的需求，从而提供更为有效的解决方案。例如，计算机科学教师可以参与到当地企业的软件开发项目中；环境科学教师则可以致力于地方的环保项目。通过专业一致的社会服务活动，教师可以在实践中继续深化专业知识，同时能通过实际案例来丰富教学内容和研究。这不仅有助于学术的积累，也使得教学和研究活动更加紧密地联系起来，提高教育的实用性。高职院校应建立系统的项目选择和评估机制，确保每个项目都能对接相应的专业，并对社会服务活动的成效进行定期评估。通过这种机制，教育机构不仅能确保社会服务活动的质量，还能持续优化和调整活动内容，以应对社会需求的变化。

参考文献

[1] 李波. 山东高校社会服务能力研究 [M]. 济南：山东人民出版社，2016.

[2] 张雅君 ."双一流"背景下河北高校服务地方经济社会发展研究 [M]. 秦皇岛：燕山大学出版社，2023.

[3] 高抒 . 高校院系管理与社会服务 [M]. 南京：南京大学出版社，2011.

[4] 高长舒 . 高校 · 经济 · 社会：高校为地方经济建设和社会发展服务研究报告 [M]. 武汉：武汉大学出版社，1994.

[5] 肖春芬 ."双高计划"背景下高职院校社会服务能力提升路径探讨 [J]. 科技风，2024（16）：154–156.

[6] 平婧 . 产学研深度融合背景下高职院校创新创业人才培养的实然困囿与应然路径 [J]. 现代职业教育，2024（16）：161–164.

[7] 刘亚 . 场域理论视角下高职教育产教融合赋能乡村振兴的路径研究 [J]. 大众文艺，2024（10）：199–201.

[8] 张莹莹 . 地方高职院校服务乡村空间营造的实践路径与实施对策研究 [J]. 大众文艺，2024（10）：150–152.

[9] 孙菲菲，尹宝田，姚丽红 . 高职院校面向社会开展职业培训的路径研究：以水利行业职业培训为例 [J]. 船舶职业教育，2024，12（3）：70–72.

[10] 李杨，任佳丽 ."双高计划"背景下高职院校人才培养模式研究 [J]. 现代商贸工业，2024，45（12）：131–133.

[11] 何超萍，虞凯．省域高职院校分类发展的现实背景、框架设计与推进路径 [J]. 职业技术教育，2024，45（15）：61–68.

[12] 陈刚．校企合作视阈下高职院校体育场馆社会服务功能的研究 [J]. 文体用品与科技，2024（8）：52–54.

[13] 王丽军，陈均康，刘敏敏．高职院校教师社会服务能力提升探究：以广西交通职业技术学院为例 [J]. 科技风，2024（11）：166–168.

[14] 徐碧．数字素养对高职院校公共实训基地社会服务创新的研究 [J]. 大众文艺，2024（7）：174–176.

[15] 陈新文，陈忠根．高职院校服务技能型社会建设的困境、动力与机制 [J]. 教育与职业，2024（8）：30–36.

[16] 王屹，梁晨，史洪波，等．高职院校服务技能型社会建设路径研究：基于 2022 年毕业生就业流向的分析 [J]. 华东师范大学学报（教育科学版），2024，42（4）：97–109.

[17] 雷雨．校企深度融合视域下高职院校“双师双能型”教师培养对策 [J]. 四川劳动保障，2024（3）：44–45.

[18] 陈赋光．财经商贸类地方高职院校社会服务能力的困境研究 [J]. 环渤海经济瞭望，2024（3）：167–170.

[19] 刘月，王军，孟佳铎．育训结合模式下高职院校社会培训路径研究 [J]. 船舶职业教育，2024，12（2）：13–15，74.

[20] 匡德花，郭丹，何烜，等．高职院校社会服务能力提升的调查研究：以福建卫生职业技术学院为例 [J]. 卫生职业教育，2024，42（6）：21–25.

[21] 常润洁．高职院校大数据与会计专业产学研合作育人现状及发展策略 [J]. 营销界，2024（5）：125–127.

[22] 张钺．高职院校服务地方经济社会发展模式研究 [J]. 商业观察，2024，10（7）：65–68.

[23] 郑明，王相华，叶乐安．高职院校“整校推进”助力共同富裕模式探索：以浙江旅游职业学院为例 [J]. 天津职业大学学报，2024，33（1）：40–44，68.

[24] 李德义，邹淑燕，张燕青．科教融汇视域下高职院校社会服务能力提升研究 [J]. 教育与职业，2024（4）：21–26.

[25] 马海涛，祖彧．基于三螺旋理论的高职院校特色培训发展路径探索 [J]. 中国管理信息化，2024，27（4）：236–238.

[26] 吴智峰．高职院校发挥社会服务功能的现实困境及效能优化路径 [J]. 天津中德应用技术大学学报，2024（1）：90–95.

[27] 李贝．本科层次职业教育背景下高职院校青年教师科研能力提升研究 [J]. 柳州职业技术学院学报，2024，24（1）：22–25.

[28] 张卫民，刘芳雄，王建仙．职业本科院校社会服务能力的政策愿景与提升路径 [J]. 江苏高教，2024（2）：116–124.

[29] 郭广军，黎梅，李昱，等．高职院校教师能力评价指标体系构建与提升路径研究 [J]. 当代教育论坛，2024（4）：51–59.

[30] 常艳妮，李鑫．陕西高职院校物业管理专业教师团队社会服务能力提升研究 [J]. 太原城市职业技术学院学报，2024（1）：139–141.

[31] 丁泽祥．基于产教学研平台的社会服务探索与实践 [J]. 船舶职业教育，2024，12（1）：8–10.

[32] 李燕．产教融合背景下高职院校科研档案管理与利用研究 [J]. 办公室业务，2024（2）：61–63.

[33] 万卫，邱韫欣．"双高计划"对高职院校服务发展水平的影响：基于双重差分法的分析 [J]. 职业技术教育，2024，45（2）：24–29.

[34] 吕雯雯．社会服务视域下高职艺术设计专业教学改革路径探究 [J]. 广东职业技术教育与研究，2023（12）：144–147.

[35] 朱凌华．基于现代信息技术的高职院校专业群建设路径研究 [J]. 湖北开放职业学院学报，2023，36（24）：146–148.

[36] 陈鑫洋．高职院校研学实践教育基地建设的价值、困境与路径 [J]. 江苏经贸职业技术学院学报，2023（6）：67–70.

[37] 董东明．高职院校教师评价体系的建构与优化 [J]. 福建开放大学学报，2023（6）：62–66.

[38] 宋开屏 .“双高计划”背景下高职院校师资队伍的国际化建设 [J]. 江苏工程职业技术学院学报，2023，23（4）：65–68.

[39] 孔宪顺 . 产教融合背景下高职院校发挥社会服务功能的分析与对策研究 [J]. 现代职业教育，2023（36）：142–145.

[40] 贾晓蕾 . 地方高职院校服务驻浙外商跨文化社会适应的现状与路径分析 [J]. 文化创新比较研究，2023，7（36）：170–175.

[41] 付贤政 . 高职院校软件类专业群社会服务问题研究 [J]. 安徽电子信息职业技术学院学报，2023，22（4）：107–110.

[42] 李颖 .“双高计划”背景下高职院校“双师型”教师考核评价体系研究 [J]. 福建技术师范学院学报，2023，41（6）：723–728，756.

[43] 张敬玲 . 基于全息理论的高职院校社会培训路径研究 [J]. 湖北开放职业学院学报，2023，36（23）：59–61.

[44] 雷尚仲 . 高职院校教师职业发展策略与平台设计 [J]. 湖南邮电职业技术学院学报，2023，22（4）：39–43，64.

[45] 唐瑶. 职业院校社会服务现状及优化策略研究 [D]. 上海: 华东师范大学，2023.

[46] 赵国琴 . 湖北省“双高计划”高职院校社会服务水平提升策略研究 [D]. 武汉：湖北大学，2023.

[47] 李芩旭 . 产教融合背景下高职院校“双师型”教师队伍建设的研究 [D]. 金华：浙江师范大学，2021.

[48] 李秋宇 . 新公共管理视角下高职院校社会服务能力提升研究：以四川省为例 [D]. 南充：西华师范大学，2020.

[49] 赵鑫 . 河北省高职院校社会服务能力研究 [D]. 石家庄：河北师范大学，2019.

[50] 刘宁 . 高职院校社会服务能力评价研究 [D]. 曲阜：曲阜师范大学，2014.